彦涛 著

管理管到位就这几招

PDCA：管理管到位的行动指南

立信会计出版社
LIXIN ACCOUNTING PUBLISHING HOUSE

图书在版编目（CIP）数据

管理管到位就这几招/彦涛著. -- 上海：立信会计出版社，2015.7
（去梯言）
ISBN 978-7-5429-4608-9

Ⅰ.①管… Ⅱ.①彦… Ⅲ.①企业管理-通俗读物 Ⅳ.①F270-49

中国版本图书馆CIP数据核字(2015)第088387号

策划编辑　蔡伟莉
责任编辑　余　榕
封面设计　久品轩

管理管到位就这几招

出版发行	立信会计出版社
地　　址	上海市中山西路2230号　　邮政编码　200235
电　　话	（021）64411389　　传　真　（021）64411325
网　　址	www.lixinaph.com　　电子邮箱　lxaph@sh163.net
网上书店	www.shlx.net　　电　话　（021）64411071
经　　销	各地新华书店
印　　刷	固安县保利达印务有限公司
开　　本	720毫米×1000毫米　1/16
印　　张	15　　插　页　1
字　　数	200千字
版　　次	2015年7月第1版
印　　次	2018年9月第6次
书　　号	ISBN 978-7-5429-4608-9/F
定　　价	36.00元

如有印订差错，请与本社联系调换

前 言

笔者在为企业提供培训和咨询的十多年里，接触过形形色色的管理人员，也作了不少关于管理能力状况的调研，发现的常见问题是，管理人员的知识体系是零碎和分割的，其对管理的理解往往停留在一些概念的集合中。从他们嘴里既能听到泰勒制、丰田生产方式、竞争战略、流程优化、精细管理和平衡记分卡，也能听到跨界、互联网思维、组织扁平化、无边界管理和灰度法则，然而追究到具体的管理实务，他们却又往往抓耳挠腮，不得其门而入。

这种状况并非是知识爆炸的当今社会所独有的，100多年前的法国管理学家亨利·法约尔，在他所处的时代，已经发现了管理人员的这种窘境，因而写出了《工业管理与一般管理》这一现代管理学的奠基性著作。在书中，法约尔一针见血地指出：管理是一个过程，而不是天才的一闪念。

中粮集团的现任董事局主席宁高宁先生，曾在领导华润集团的时候，有感于手下管理团队的"眼高手低"，专门撰文《重读法约尔》，呼吁管理应该回归到管理的过程和常识中去，不要为眼花缭乱的管理新概念而迷乱了追求卓越的方向。

关于管理，最古老的解释是计划、组织、指挥、协调和控制。20世纪80

年代之后，随着组织行为学和领导科学的突飞猛进，管理演进成为一个新的过程框架：计划、组织、领导和控制。由于这些过程框架建立的初衷是为了穿越第二次世界大战之后枝繁叶茂的管理理论丛林，因而涵括了管理理论各个派别的主张和成果。对一般读者来讲，要理解管理这一过程框架，会相当吃力，且需要花费时间体会各种学说在实践中应用的前提条件。

本书既是为刚走上管理岗位的年轻一代而写，也是为在管理实践中迷茫的资深人士而作。希望通过对管理过程的阐述，帮助他们实现管理管到位的理想境界。因而本书选择的是一个实践性更强的过程框架——PDCA循环的过程框架。

PDCA循环又叫戴明环，是美国质量管理专家戴明博士提出的，它是全面质量管理所应遵循的科学程序，是一个不停顿地周而复始地运转的管理闭环。

PDCA循环成名于全面质量管理领域，但在现代管理活动中，早已运用到了各个不同的领域，产生了丰富而实用的成果，成为了一个通用模型。

笔者认为，从PDCA循环开始系统地理解管理和实践管理，是培养年轻一代卓越管理者的有益途径，可以使他们较快进入管理的角色，抓住管理的关键，在周而复始的管理活动中持续改善绩效，从而为企业乃至整个社会的运行效率，作出有力的贡献。

目 录

第1章 观念到位

管理概念的三层内涵 2
管理是一种严肃的爱 5
管理管到位的六个方面 10
PDCA：管理管到位的行动指南 15

第2章 计划到位

设定目标的方法 20
衡量目标是否到位的原则 23
目标是一种激励手段 27
制定行动方案的结果导向原则 35
有效计划的特征 38
制订计划前的调查 41
计划前的预测 46

计划中的沟通与参与 49
计划的调整 50
计划是个好习惯 53
让员工参与计划也是一种激励 57

第3章 执行到位

责任到位：责任一虚位，执行必缺位 68
纪律到位：有令则行，执行制度没有借口 71
流程到位：执行环环相扣，与制度完美对接 76
标准到位：高标准、高要求，执行制度不打折扣 81
细节到位：魔鬼藏于细节之中 84
公正到位：行动要以事实为基准导向 86
沟通到位：不沟通，执行就是放空炮 89
监管到位：消除腐蚀制度的"蛀虫" 97

第4章 检查到位

让员工自行发展是一个误区 104
控制是纠正偏差的过程 109
衡量实际绩效的方法 110
把检查结果反馈给执行人 113
通过"行为矫正"塑造出员工的好行为 116
考核中运用"同一立场"的思维 120
与员工面对面地进行业绩评估 122

立即动手改进你的评估体系 127
全视角绩效评价——多几只眼睛看人 130
对低绩效的员工心不能太软 134
年度工作评估的效果是有限的 138
工作考核与绩效管理表格汇总 140

第5章 处理到位

奖惩办法的制定原则和流程 164
对任何人都适用的八大激励法 166
如何开好工作总结会议 208
运用ABC分类法找出管理的关键因素 210
一个问题解决型会议的实例 213
学会召开头脑风暴会议 219
认识"问题员工"的价值 223
从下属的牢骚中发现改进的方向 226
要把事故消灭在萌芽状态 227
不能过于关注员工的错误 229

第1章

[观念到位]

说到管理，常听到一句顺口溜："狠抓就是开会，验收就是喝醉，涨价就是接轨，管理就是收费"。这句话反映了很多政府部门似乎除了收费，就不会进行管理了。

在企业中，一提到管理，很多主管都是依葫芦画瓢，要么根据自己的经验进行管理，要么看着上级怎么管理自己，就照着样子怎么管理自己的下属。因而管理时而有效，时而无效，很难做到持之以恒地管出效果和效率。

人们在工作和生活中经常使用"管理"这一概念，却并不理解它的内涵。本章从管理的基本观念出发，让管理人员先形成一个立体的管理框架，从而能够做到先有思路后有出路。

管理概念的三层内涵

从19世纪末20世纪初美国科学管理运动以来的100多年间，出现过很多管理大师和管理流派，他们从自己的视野出发给出了各种管理的定义。20世纪70年代之后，由于哈罗德·孔茨等人的贡献，管理学的发展穿越了理论丛林而开始走向整合与融会，逐渐形成了以下这样一个较受认同的描述性定义：

管理就是通过别人或者和别人一起使活动完成得更有效的过程。

上面这个定义，涵括三层基本思想。

（1）管理是过程。这五个字是上述定义的主谓宾，是最核心的含义。它意味着管理不是任何一个单一的行为，也不是"一闪念"的事情，而是对一定的时间内的计划、组织、指挥、协调、控制等活动的总括。

案例：某地灰尘飞扬，市民怨声载道。主管部门找到"尘源"后，便对散布"扬尘"的建筑工地开征"排污费"。然而，建筑单位因为交了"排污费"，堂而皇之地照排不误，市民还是饱受灰尘之苦。

问题：主管部门尽到"管理"的职责了吗？

分析：主管部门找到尘源后，应该首先与建筑工地一起制订降尘计划、确立衡量标准；然后定期检查计划执行情况，并根据检查结果予以奖惩；最后再将此过程反复运行，即可在一定时间内逐步解决扬尘问题。这需要有一个完整的管理方案并重复循环运行，方能完成任务。案例中主管部门只有开征"排污费"这样一个经济惩罚手段，显然不可能解决任何问题。市民怨声

第1章 [观念到位]

载道并嘲笑他们"管理就是收费"是完全可以理解的。如果社会上都是这样的管理者,全社会的效率就会非常低下。

(2)管理是通过他人完成任务的艺术。管理活动展开的方式是"通过别人或者和别人一起",这就意味着管理活动是在人类群体中展开的,与他人合作是管理活动的基本特征。

案例:2009年,有记者问了马云一个似乎是在讨好他的问题:"为什么你能有今天,而同样聪明的中国电子商务的先驱王峻涛却还在为创业努力?"马云说:"我在前面说、演讲、做宣传、作势,而我背后,有一帮人在实干,苦哈哈地卖力干,而王峻涛身后没有十八'罗汉'。我说过了,有人做;他说过,就说过了,说过了而已。"

问题:怎样从管理的角度理解马云的话?

分析:马云的回答印证了"管理是通过他人完成任务的艺术"。马云是个英语教师,既不懂互联网,也不懂商业模式,更不懂资本,但是他的团队人才济济,他负责"吹牛"(树立目标),团队的其他人负责兑现"牛皮"(执行目标),就这样成就了一个商业帝国的崛起。这与汉高祖刘邦与汉初三杰合作取得成功的经历颇为相似。他们不是管理大师,谁是?

(3)管理的使命是"更有效"。这里的有效,包含效率和效果两个方面。效率考察投入和产出的关系;效果考察目标的实现状况。有效管理是指效率高且效果好的管理。如图1-1所示,A区域的管理状态属于"有效管理"。

案例:20世纪初,以斯蒂芬斯、贝克、塔贝尔等为首的一批记者和作家痛感美国社会政治道德的沦落,聚集在《麦克卢尔》《角斗场》《世界主义者》等杂志的麾下,向政界、商界及社会各个层面的腐败与弊端,展开了无情的揭露和猛烈的抨击。"政府与黑道的勾结、金融保险的欺诈、药品和食物的掺假、监狱里的虐待、街道上的卖淫、甚至连教会中的黑暗",都在他们犀利的笔锋下被彻底曝光和无情鞭挞,人们把这些具有正义感的新闻记者称为"扒粪者"。他们盯着种种不公与腐败现象,凭借高度的职业责任感将丑恶的事实真相拖到公众视野中予以曝光和揭发，他们是社会正义的代言人，是新闻正义的践行者。

英国作家班扬在《天路历程》中描写了一个怪人：此君手拿粪耙，目不斜视，一门心思收拾地上的秽物，连天国的王冠也不稀罕。班扬的原意是讽刺那些只关注肉体而忽略精神的人。1906年4月，美国第26任总统罗斯福借用这个"典故"，把它"赠予"当时大力揭发政坛黑幕的新闻工作者。罗斯福一面承认："如今，我们不应逃避去面对那些卑劣的事情……地上有秽物，就必须用粪耙扒走；在有些时候、有些地方这项公共事务是所有能被施行的事务中最必需的。"

问题：当代中国社会也存在不少腐败与黑幕，主要依靠党的纪律、检查部门和政权的力量予以治理。请比较分析主要依靠媒体这种第四权力的民间治理与主要依靠政府集中治理的有效性差异。

分析：这很可能是一个开放性问题。其中符合现代管理观念的观点是：自由的新闻监督反应敏捷，而且将会减轻纳税人的经济负担，因此效率高；而且治理腐败与社会弊端的效果要好得持久一些。因此简言之，前者的有效性高于后者，希望中国社会允许出现大量的"扒粪者"，给我们一个干净、安全的社会环境。大家认为呢？

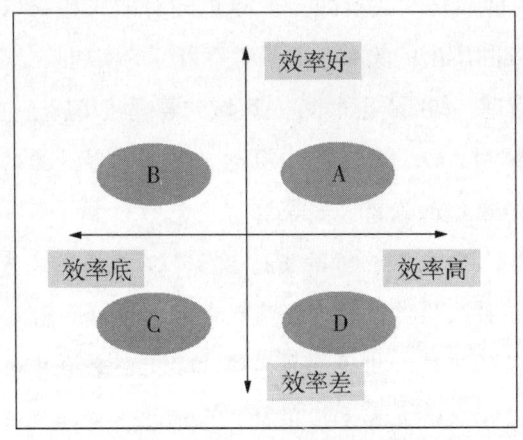

图1-1　管理有效性区域的划分

如果你是一个肩负管理职权的人，在学习了管理概念的三层内涵之后，有什么启发呢？对照检查一下你自己的管理行为，是否符合以下三个特征：

（1）注重在工作的过程中实施管理。

（2）注重发挥别人的工作积极性和能动性。

（3）既注重最终结果是否与目标一致，也注重实现目标的过程是否经济。

如果符合以上三个特征，那么恭喜你，你的管理直觉是完全正确的，而这种直觉，很多人需要花很多时间才能够培养出来。

管理是一种严肃的爱

人性本善？人性本恶？

人性的善恶之辩持续了几千年，至今仍无公论。可见人性是非常复杂的，也可见对人性的认识，是一个非常重要的问题。

美国管理学家麦格雷戈在《企业中的人性面》一书中提出：每一种管理方法或管理手段，都是以一定的人性假设为基础的，你认为人是什么样的人，你就会用什么样的手段来管理他。

回想一个这样的情景：有两个部下来找你报销差旅费，第一个人的每张发票你都要仔细核对并问清花费的细节，甚至会暗中检查是否属实。第二个人的发票你只检查一下数目和额度，就签字支付。请问如何解释你对待两个人的方式为什么截然不同？

用麦格雷戈的理论解释为：在你的观念中，倾向于认为第一个人是不诚实的，第二个人是值得信赖的。由于你对两个人的人性面做了不同的假设，因此你的管理手段就随着人性假设的不同而发生变化。

管理学中关于人性的假设有经济人假设、社会人假设、自我实现人假设和复杂人假设，但没有哪一种假设可以单独拿来指导管理者的行为，因为他们都只是反映了人性的某些方面。

而且，管理者从人性假设出发制定管理策略是很危险的，因为人性既复杂又多变。上例中假设为诚实的部下，很可能因为上司的信任而在下一次报销时虚开发票来蒙混过关，他滋生出这种侥幸心理的诱因是：上司从不核实！

在现实的管理情境中，管理者要抛开对人性的判断，而是要在"抑恶扬善"、"抑懒激勤"的方面来制定管理措施。下面有三个基于人性的管理原则，具有现实的指导意义。

1. 人在可以懒的时候不会不懒，因而罚懒是符合人性的

这里的懒不仅指不行动、不完成任务、不负责任、不追求长远利益等，也包括贪婪、自私、虚荣、嫉妒等人性的弱点。

如果一个人懒惰而不会遭受惩罚，那么他的懒惰行为就会保持和增加。因此，罚懒必须成为一种核心价值观。

华为公司的核心价值观中有这样的表述："视人才为公司的最大财富而不迁就人才"。其中最具威力的是"不迁就"三个字。面对一个居功自傲、恃才放旷的人，华为公司"罚懒"的价值主张跃然纸上。

人性的一半是天使一半是魔鬼。罚懒机制的作用就是把"魔鬼"限制在有限的范围内，不使其出笼，不使其膨胀。

2. 人在勤劳无益的时候不会不懒，因而奖勤是符合人性的

现实中的人性都是"无利不起早"。这里的"利"，不仅指物质利益，也包括友谊、认可、自尊、责任、成就感等各种人的欲望成分。

如果一个人勤劳而得不到某种欲望的满足，那么他的勤劳行为就不会持

第1章 [观念到位]

续,反而会减少。因此,奖勤必须成为一种核心价值观。

华为公司的核心价值观中有这样的表述:"我们决不让雷锋吃亏,奉献者定当得到合理的回报"。

雷锋出差一千里,好事做了一火车;雷锋做好事不留名……雷锋的事迹到处流传,其中的奉献精神、牺牲精神等都是社会和企业不可缺少的正能量。毛泽东在1963年3月5日发表了"向雷锋同志学习"的题词,后来国家把3月5日定为"学雷锋纪念日"。每年的3月份,社会各界尤其是中小学一定要通过做好事来弘扬雷锋精神。

正如大家所知道的,一个人做一件好事容易,难的是一辈子做好事。年年学雷锋,雷锋似的人物并没有越来越多,甚至让人觉得越来越少。报纸上甚至专门辟出版面讨论"老人倒地要不要扶"这样的话题。也有人形象地说"雷锋同志三月来四月走",可见我们的社会治理模式在弘扬雷锋精神上的机制是失效的。

尽管商业社会的基本原则是有偿劳动,但是奉献精神也是企业发展需要的精神力量。企业该怎么做呢?这就离不开奖勤机制。

华为公司"绝不让雷锋吃亏"的价值主张,有效地解决了这一问题。只有让做好事的人因为做好事而得到合理的回报,做好事的行为才会越来越多。

春秋时鲁国国君颁布法令,如果鲁国人在外国沦为奴隶,肯出钱赎回来的人可以领取国家等额甚至更多的补助。这一法令大大推动了鲁国人的救赎行为,产生了非常好的社会效果。

孔子的学生子贡是一个有钱的商人,他在别的诸侯国遇到很多鲁国的奴隶,自己掏钱将之一一赎回,为了显示自己高尚的品格,他不向国家要补偿金,并且颇以此为荣。但他的这种行为,遭到了孔子的严肃批评。孔子认为:国君的目的是解救自己的国人,并愿给予实施这一行为的人报答和补偿,这个报答和补偿是为了鼓励更多的人参与到这一行为中来。而子贡的行为一下子给这种行为设定了一个大多数人达不到的道德标杆，如果有另外的人赎回了鲁国的奴隶，他将面临一个两难选择：如果他去向国家要求补偿的时候，对比于子贡反而成了风格不够高尚的人；如果他不去向国家要求补偿，他将承受除了赎回奴隶所付出的精力之外金钱上的损失。而大多数人并不像子贡这样富有，他们不愿意承担这种损失，甚至承担不起这种损失。于是，大多数人面对自己的国人成为奴隶的时候，所采取的最好措施反而是不作为、不施救。

孔子的观点对当代人依然有很好的警告作用。我们往往喜欢从道德角度来评判一个行为。殊不知，好行为是被激励出来的，道德评判有时候起到的是抑制作用。

3. 可能发生而又不应该发生的事情，一定会发生，因而预防和控制是必需的

你把原材料的采购权交给一个总监来行使？请问他会不会吃回扣？不管他吃或者不吃回扣，吃回扣都是一个可能发生而又不应该发生的事情。

在管理中，对这类可能发生而又不应该发生的事情，必须要有预防措施和控制手段。这是上级对下属最严肃的爱。

假设有甲和乙两个人。甲一门心思想偷懒，想占公司便宜，但公司一直没有给他偷懒和占便宜的机会，直到退休，他也没有得逞。乙年轻时就立志做一个好人，后来在工作中发现，占点公司的便宜也没人发现，发现了也没什么大不了的过错……他后来作为贪污犯被抓进了监狱。

请问：一心想做坏事却从未做过坏事的甲，与本不想做坏事却做了坏事的乙，哪一个是我们通常认为的"坏人"？显然，乙不仅是坏人，而且是个罪犯。

因为有严密的预防措施和监控制度，甲想做坏人却从未做过坏事，乙想做好人却干尽了坏事，这就是"好的管理使坏人变好人，坏的管理使好人变坏人"的道理。

第1章 [观念到位]

在管理方式上,曾经有这样的大辩论,正方观点是:"用人不疑,疑人不用",反方观点是:"用人要疑,疑人要用"。

单纯从用人的角度来,信任可以让人才放开手脚施展自己的才华,并且易于形成团队凝聚力。但是从用人的长效机制来看,怀疑对人才是一种爱和保护。怀疑一个人会犯错误,因而事前制定了预防措施和监控制度,这样就能及时纠正人才的行为偏差,因而可以长期使他施展才华,有所作为。因而正方的观点在短期上有效,而反方的观点则是长期有效。

一些管理者做事喜欢说一句话:"你可以骗我一次,但不可以骗第二次。"这句话的重点是事后惩罚。但不管怎么惩罚,合作关系再也不会有了。用这种方式管理员工,管理者会发现坏人层出不穷,因为坏人是被试出来的,正所谓:人性经不起试探。

另一些管理者信奉的是:"为了让我们能长期合作,我最好不要让你骗我第一次。"这句话的重点是事前预防,这样的好处是能维持一种长期有效的合作关系。用这种方式管理员工,管理者会发现坏员工越来越少,因为好人是被监控出来的。

因此,如果有一个人信任你,那么你不要辜负他,要学会珍惜;如果你遇到一个人怀疑你,但还是要带着你做事,那么你不要排斥他,要学会感谢。因为成就你一生的贵人,很可能就是后面这个人。请常品味一句话:信任是好的,怀疑则是更好的。

管理者不要把"不应该发生的事情"发生的可能性寄托于人性本身的善恶,而应假定其一定会发生,然后事先制定预防和监控措施,如此才能及时为下属的行为纠偏,这是管理者的大爱。

如果要给管理这种严肃的爱下一个定义,那就是:开始于恶,结束于善。

换言之,管理从恶出发,才能得到善;管理从善出发,往往得到的是恶。

理解这些,是不是可以帮助你走向成熟,少走几年弯路呢?

 管理管到位的六个方面

管理是通过别人或者和别人一起使活动完成得更有效的过程。

这个定义告诉我们：管理意味着要通过别人完成任务，管理是通过别人完成任务的艺术。

但是，管理者为什么不自己完成任务，而要通过别人完成任务呢？

典型的答案有三种：① 因为别人更懂得怎样完成任务。② 因为管理者自己无法独自完成任务。③ 因为自己完成任务，就不是管理者了。

这些答案，都对，又都不对。

正确答案是：因为组织中有比直接完成任务更重要的事情，如思考任务是什么。管理者的价值和使命不在于自己完成任务，而在于怎样让别人更好地完成任务。

让别人完成任务做好工作都是有条件的。在组织中创造这些条件，就是比直接完成任务更重要的事情，而这正是管理者的价值和使命。

怎样才能让别人完成任务做好工作呢？具体来说，管理者要创造六个方面的条件：

（1）意志动因条件——愿意做好。

（2）能力素质条件——具备做好的基本能力和素质。

（3）热情耐心条件——愿意持续地做好。

（4）评价标准条件——可以明确地评判什么是"做好"与"没做好"。

第1章 [观念到位]

（5）外部资源条件——场地、设备、人员配合等可以支持他做好。

（6）方法程序条件——掌握"做好工作"的具体方法和窍门。

下面给出一些案例，帮助大家理解这些条件：

案例1：高经理领导了一个天猫店的销售团队，总经理要求这个团队在未来3年每年保持20%的销售增长。2014年9月底，高经理已经完成了2014年的销售任务，接下来高经理取消了所有的促销活动，即使连"双十一"的促销计划都有点漫不经心。

问题：总经理应该怎么办？

分析：如果今年继续增加销售额，那么明年增长20%的难度就会加大，因而高经理失去了在今年剩下的3个月里继续促销的积极性。总经理分析到这一原因后，应该为高经理及其团队创造意志动因条件；否则，高经理就不会把剩下三个月的销售工作做好。创造意志动因条件的方法很多，如增加对今年超出任务量的奖励力度、重新设计明年的增长目标等。

案例2：李主任有两个下属：A习惯亲力亲为、自我动手，不推脱事情，做事技巧和报告能力不足；B习惯指点别人，个人做事磨蹭，但是脑袋灵活，报告水平强。李主任号召A向B学习做事要动脑子，号召B向A学习做事要有责任心，但是收效甚微。

问题：李主任应该做什么？

分析：人的能力和素质的改变是非常缓慢的，甚至是无法改变的。李主任要把工夫下在知人善任上，而不是取长补短上。例如，A是个典型的"工兵型"下属，让他负责日常的事务性工作最让人放心；B做日常事务不会太优秀，但是让他教导新人会比较出色，而且让他在客户和领导面前作报告将是块材料。做的事情值100元钱，经过B的报告值1 000元钱。如果李主任让A做，本来做的事情值100元钱，经过他的描述连10元钱都不值。李主任在"知人善任"上下的工夫，就是在创造能力素质条件。

案例3：牛总最近开会的频率越来越高。他在会议上描述一番企业发展的规划、愿景和竞争的格局后，发现员工就能像打鸡血一样有了积极向上的士气。但是过几天，士气就开始消退直至恢复原样。而且，他发现自己这种打鸡血式的管理方法越来越不起作用了。

问题：牛总，他该怎么办？

分析：人是情绪的动物，只要方法对路，激情总能够在瞬间被点燃。演讲高手马云的成功，让人惊叹：数学差不要紧，语文才是生产力。

实际上，激情这玩意儿，来得快消退得也快。任何一项工作，只要反复的次数多，延续的时间长，就会使人的兴奋点转移，热情下降，意志松懈，努力程度和努力意愿降低，这是管理工作中的重大挑战。因而类似牛总的苦恼普遍存在。管理者必须通过不断的内在激励和外在激励，通过反馈、激励、沟通等管理措施来维持员工的热情耐心，稳定其意志意愿。这就是要创造"热情耐心条件"。

创造热情耐心条件的方法是丰富的。例如，反馈。如果管理者能经常把工作的阶段性成果反馈给完成任务的人，那就能让他感受到工作的意义和某种成就感，就能在一定程度上保持他的热情和耐心。又如，把大任务分解成小任务、缩短计划的期限、定期休假、职务轮换等，都是创造热情耐心条件的常见方法。

案例4：刘总拨出了一笔预算让行政部主任小丁把公司的年会办好。小丁在预算内订到了酒店、布置了会场、邀请了嘉宾、组织了员工的节目表演，她认为自己出色完成了刘总交给自己的任务。但是刘总对小丁的工作却并不满意，原因有三：一是邀请的嘉宾中都是客户方代表，没有邀请行业领导；二是有人抱怨准备节目占用了太多的工作时间，影响了工作；三是部分嘉宾临走时没有拿到公司准备的纪念品。小丁觉得自己很委屈，一是拟定嘉宾名单时刘总在外地，他说名单让自己和营销部的总监一起定就行了；二是所有节目的组织都是在和各部门领导商定后开展的；三是纪念品的发放和奖品都是在抽奖环节进行的，那些没有拿到纪念品的嘉宾，是因为他们抽到奖品了。

问题：你觉得这件事情，刘总有没有错？

第1章 [观念到位]

分析：这个案例关系到让别人完成任务做好工作的第四个条件：评价标准条件。要让别人把工作做好，必须和别人明确"好"的标准是什么。这个标准越客观、越量化越好。

如果没有事先约定好评价标准，员工仅仅依靠自己的猜测、经验、习惯和想象进行界定，就不免和管理者的要求发生背离，甚至南辕北辙，使本来完全可以做好的工作最终受挫，达不到目的。

在现实中，管理者总是想当然地认为员工完全明白做好各项工作的评价标准，其实员工并不一定明白。而且对很多管理者来讲，可能连他自己也不一定明白什么是"好"。这样的话，对员工工作的指导和评价就难免笼统、主观、不公正和不全面了。

简言之，"你的好"等于"我的好"，才能"干得好"。

在这个案例中，小丁的过错要少于刘总的过错。如果刘总能够在事前花时间系统地把自己关于"好"的标准制定出来，并告诉小丁，相信小丁的工作是会让刘总满意的。

案例5：程经理要求他的员工3天后完成任务。但3天后，员工报告说完不成任务。程经理责问其为何完不成？员工作了一些解释，但这些解释在程经理看来全都是推脱责任和寻找借口。他要求员工集体学习《没有任何借口》一书，但效果也不大。

问题：你如何看待员工对不能完成任务的解释？你又如何消除员工的借口？

分析：回顾一下前面的结论：让别人完成任务、做好工作都是有条件的。如果一个人愿意做、有能力做、愿意持续地做、知道什么是做好，那么他依然做不好的原因，很可能是他完成任务、做好工作的外部条件不具备。这些外部条件包括外部环境、工作设备、工作场所、外部协调、内部流程不畅等因素。管理者必须要创造的第五个条件是：外部资源条件。

如果员工对完不成任务的解释是指向外部条件的影响，管理者应有耐心地倾听员工的解释，从中找到帮助员工的方向。

如果员工对完不成任务的解释是指向自己的，管理者不应武断地指出下属是在寻找借口，而应引导其把解释转化为对自己工作方法的检讨。

卓越的管理者会养成这样一个好习惯：在开展工作前，和员工一起预测可能遇到的外部障碍，事前把外部干扰排除掉，或者作出应对策略。

案例6：王总为了提高公司的竞争力，要求新进的员工必须毕业于教育部直属的名牌大学，本科生以下不予考虑，研究生学历优先。但是3年过去了，王总的公司并没有从这项人事制度改革中获益。他现在逢人就讲："名校毕业靠不住，清华大学毕业等于零"。

问题：高材生为什么并不受民营企业的欢迎？

分析：这几乎是一个社会现象，人们很容易将之上升到中国高等教育模式失败等高度来认识。实际上这与企业的管理水平有直接关系。

让别人完成任务做好工作的第六个条件是"方法程序条件"。这个条件与"能力素质条件"有什么区别和联系呢？

一个具备了能力和素质的人，也不一定能完成任务，做好工作，因为他还需要掌握"做好工作"的一些技巧方法和小窍门，也就是Know-How的部分。能力素质条件主要靠招聘选拔、知人善任来创造，而方法程序条件主要靠培训来创造。

虽然不能迷信学历和名校，但是名校毕业生的能力素质普遍高于非名校毕业生，却是个客观的事实。世界500强公司经常会设计一些古怪的题目来考察面试者是否真的聪明和会思考，他们不仅在名校中招人，而且还要设法让自己招到其中最聪明的。

但这些聪明而有才华的毕业生，却并没有给王总的公司带来竞争力的提高。对此，真正需要检讨的是王总自己，很可能是他以为这些年轻人能自动地掌握做好工作的方法和窍门，从而忽视了职业培训。

技校的毕业生通常能很快掌握工作方法和程序。对于没有培训体系的公司来说，雇佣技校毕业生或者有经验的熟手，显然比雇佣刚毕业的大学生要

第1章 [观念到位]

合适得多。

即使是雇佣有经验的熟手，培训依然是不可缺少的管理工作。管理者必须主动发现员工技能的不足和欠缺，把培训当成不可缺少的管理责任。正所谓：不会育人，就无人可用。

以上六个方面是一个整体，缺少任何一个方面都不能通过他人做好工作，管理的效果都不会很好。在现实中，之所以有员工不能做好工作，就是管理者没有系统完整地创造这六个方面的条件。

管理格言说："没有管不好的下属，只有不会管的上级"。在管理中有一个"二八原则"：下属没有做好工作，主管要承担80%的责任。

海尔集团董事局主席张瑞敏曾说："无效管理和有效管理永远是一对矛盾。所以无效管理、无效劳动并不是在一次会议上讲一下、排查一次就能解决的，而是要天天讲、月月讲、年年讲。无效管理的主要责任在管理者身上，因为导致无效管理的主要原因在于管理思路，而管理思路出自管理者。"

让别人完成任务、做好工作，这句话也被称为管理中的"成事定律"。成事定律的六个条件就是一种管理的思路，创造这些条件就是管理者的责任，就是管理者应该做的事情，它是组织中比直接完成任务还要重要的事情。

 **PDCA：管理管到位的行动指南**

管理学家认为整个管理活动可以用PDCA循环来表示。PDCA循环又叫质量管理环，是管理学中的一个通用模型，最早由休哈特（Walter A. Shewhart）于

15

1930年构想，后来被美国质量管理专家戴明（Edwards Deming）博士在1950年再度挖掘出来，并加以广泛宣传和运用于持续改善管理活动质量的过程中。PDCA循环是能使任何一项活动有效进行的一种合乎逻辑的工作程序，P、D、C、A四个英文字母所代表的意义如下：

- P（Plan）——计划。它包括方针和目标的确定以及活动计划的制订。
- D（Do）——执行。执行就是具体运作，实现计划中的内容。
- C（Check）——检查。它是指总结执行计划的结果，分清哪些对了，哪些错了，明确效果，找出问题。
- A（Action）——处理。对检查的结果进行处理，认可或否定。成功的经验要加以肯定，或者模式化或者标准化以适当推广；失败的教训要加以总结，以免重现；这一轮未解决的问题放到下一个PDCA循环。

PDCA循环的四个步骤如图1-2所示。

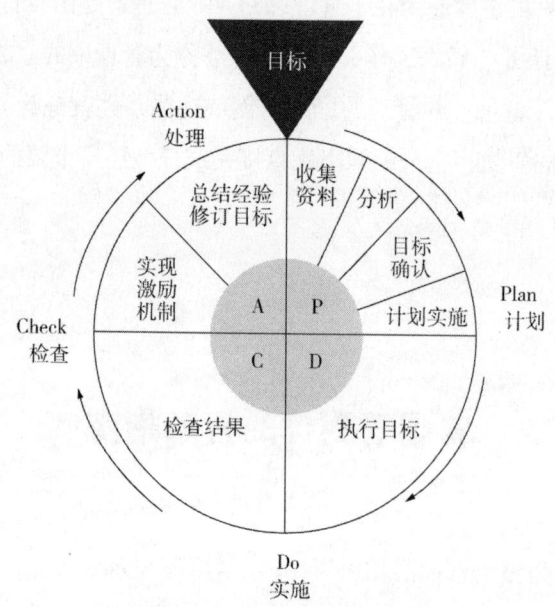

图1-2　PDCA循环的四个步骤

第1章 [观念到位]

PDCA循环可以使管理人员的思想方法和工作步骤更加条理化、系统化、图像化和科学化。此外，它具有如下特点。

1. 大环套小环，小环保大环，推动大循环

PDCA循环作为管理活动的通用模型，不仅适用于整个工程项目，也适用于整个企业和企业内的部门、科室、工段、班组以至个人。各级部门根据企业的方针目标，都有自己的PDCA循环，层层循环，形成大环套小环，小环里面又套更小的环。大环是小环的母体和依据，小环是大环的分解和保证。各级部门的小环都围绕着企业的总目标朝着同一方向转动。通过循环把企业上下或工程项目的各项工作有机地联系起来，彼此协同，互相促进。如图1-3所示。

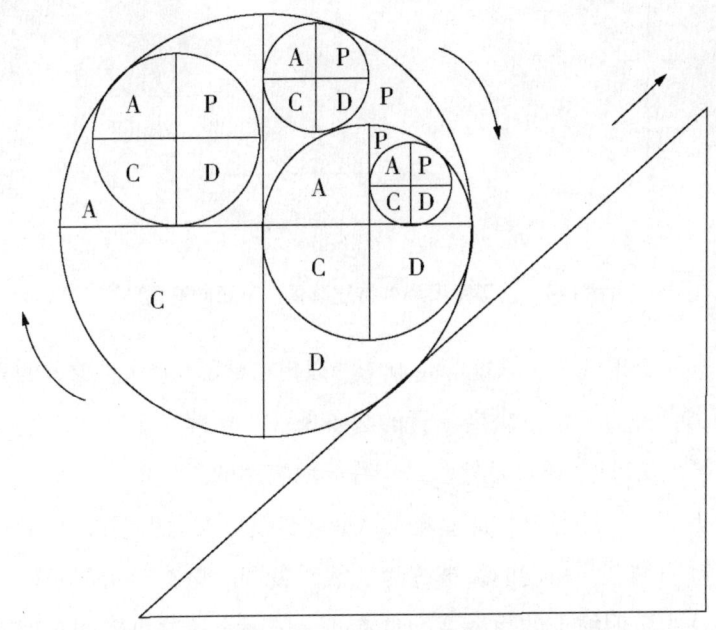

图1-3 大环套小环，小环保大环，推动大循环

2. 新环带旧环，持续改善，不断向前循环

PDCA循环就像爬楼梯一样，一个循环运转结束，工作的质量就会提高

17

一步，然后再制定下一个新的循环，再运转、再提高，不断前进，不断提高。因此，PDCA循环可以实现一种持续的改善和上升。PDCA循环不是在同一水平上循环，每循环一次，就解决一部分问题，取得一部分成果，工作就前进一步，水平就进步一步。每通过一次PDCA循环，都要进行总结，提出新目标，再进行第二次PDCA循环，使管理工作的车轮滚滚向前，持续改善。如图1-4所示。

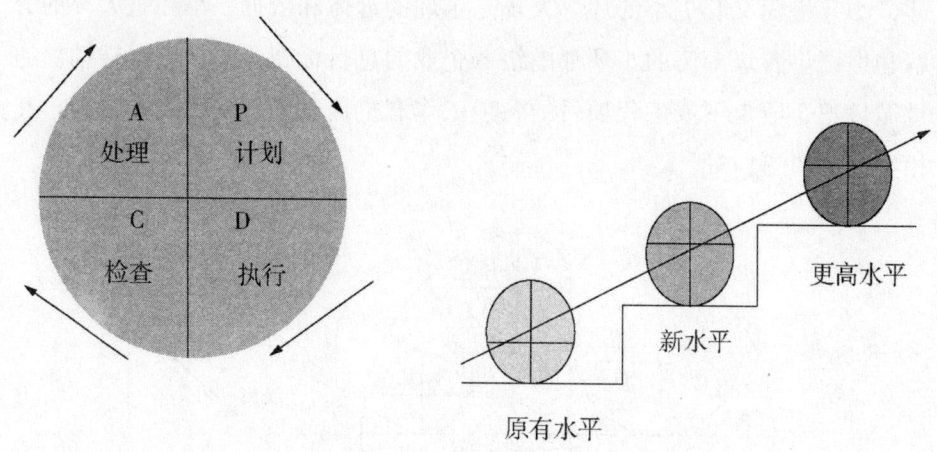

图1-4 新环带旧环，持续改善，不断向前循环

在日本的丰田汽车、软银等企业中，以PDCA循环为核心内容的管理培训和资格证书，是员工第一次当主管的必备条件。原因在于，对基层管理者而言，学习管理从PDCA循环开始，是一种简单实用的方法。

顺便提一句，日本企业管理领域的最高奖是以大力提倡PDCA的管理学家爱德华·戴明的名字命名的，被称为"戴明奖"。该奖项始创于1951年，日本企业界认为戴明博士的教诲帮助日本建立了一个科学可靠的管理基础，正是在这个基础之上，日本的产品质量和企业管理才达到了今天这样被世界广泛承认的水平。

第2章

[计划到位]

未来的不确定性使人们对未来充满了恐惧和无奈。这种恐惧迫使人们想方设法去控制未来，以避免不确定性事件对人们造成的伤害。而人人控制未来的唯一方法就是对未来可能发生的各种事件进行预测和分析，找出最可能发生和可能造成最大伤害的事件，并采取相应的对策以消除或减少这些事件的危害。

因此，计划的本质就是预测未来、规划未来、控制未来。

计划包含两个基本要素：目标和行动方案。

在实际工作中，计划通常是一种书面性的文件，涉及目标（做什么）和达到目标的方法（怎么做）两个基本要素；规定了怎样实现目标、分配资源、把握时间进度和实现目标的其他必要行动。

接下来，本书从如何设定目标和行动方案两个方面，阐述把计划工作做到位的方法和程序。

 ## 设定目标的方法

1968年毕业于哈佛大学的理查德·波斯丁教授,在给哈佛学子的演讲中,曾反复讲述一个农夫的故事:

有个农夫拥有一块土地,生活过得很不错。但是,当他听说如果有块土地的底下埋着钻石的话,只要拥有一块钻石就可能富得难以想象。于是,农夫把自己的地卖了,离家出走,四处寻找可以发现钻石的地方。农夫走向遥远的异国他乡,然而却从未能发现钻石,最后,他囊空如洗。一天晚上,他在一个海滩自杀身亡。

真是无巧不成书!那个买下这个农夫土地的人在散步时,无意中发现了一块异样的石头,他拾起来一看,它晶光闪闪,反射出光芒。他仔细察看,发现这是一块钻石。这样,就在农夫卖掉的这块土地上,新主人发现了从未被发现的最大的钻石宝藏。

这个故事是发人深省的。理查德·波斯丁教授指出:财富不是凭奔走四方就能发现的,它只属于那些自己去挖掘的人,只属于那些依靠自己的土地的人,只属于那些相信自己能力的人。

理查德·波斯丁教授指出,在管理工作中,若管理者善于为下属和工作团队树立积极的目标,将会产生巨大的激励作用:

(1)目标产生积极的心态。目标是一个人努力的依据,也是对他的鞭策。目标给人一个看得见的彼岸。随着这些目标的实现,你就会有成就感,

你的心态就会向着更积极主动的方向转变。

（2）目标使你看清使命，产生动力。有了目标，你对自己心目中喜欢的世界便有了一幅清晰的图画，你就会把精力和资源集中于你所选定的方向和目标上，因而你也就更加热心于你的目标。

（3）目标使你感觉到生存的意义和价值。人们处世的方式主要取决于他们怎样看待自己的目标。如果觉得自己的目标不重要，那么所付出的努力自然也就没有什么价值；如果觉得目标很重要，那么情况就会相反。如果你心中有了理想，你就会感到生存的重要意义，如果这个理想（人生目标）又是由一个个目标组成的，那么，你就会觉得为目标付出努力是有价值的。

（4）目标使你把重点从过程转到结果。成功的尺度不是做了多少工作，而是获得多少成果。

（5）目标有助于你分清轻重缓急，把握重点。没有目标，我们就很容易陷入跟理想无关的现实事务中。一个忘记最重要事情的人，会成为琐事的奴隶。

（6）目标使你集中精力，把握现在。目标对目前的工作具有指导作用。也就是说，现在所做的，必须是实现未来目标的一部分。因而目标能让你重视现在，把握现在。

（7）目标能提高激情，有助于评估进展。目标使你心中的想法具体化，更容易实现；使你干起活来心中有数，热情高涨。目标同时提供了一种自我评估的重要手段，即标准。你可以根据自己距离目标有多远来衡量取得的进步，测知自己的效率。

（8）目标使你产生信心、勇气和胆量。信心、勇气和胆量来自于"知彼知己"。对目标及实现过程的清晰透彻的认识，必然使你从容不迫，处变不惊。

（9）目标使你自我完善，永不停步。自我完善的过程，其实就是潜能不断发挥的过程。而要发挥潜能，你必须全神贯注于自己的优势以及会有高回报的方面。目标能使你最大限度地集中精力。当你不停地在自己有优势的方面努力时，这些优势必然会进一步发展。

（10）目标使你成为一个成功的人。美国19世纪哲学家、诗人爱默生说："一心向着自己目标前进的人，整个世界都给他让路！"

关于目标对管理活动的重要性，当数现代管理学之父彼得·德鲁克的阐述最为经典，他说：

- 人并不是有了工作才有目标，而是有了目标才能确定工作。
- 人在目标明确的情况下，可以对自己负责。
- 管理者要通过目标对下属进行管理。

德鲁克把这些观点发展成为一套专门的理论，出版了《目标管理与自我控制》这一管理名著。

具体来讲，管理者怎样给团队和团队中的每个人设定目标呢？这要从目标的定义谈起。

所谓目标，就是对努力结果的期望。个人目标就是对个人努力结果的期望，团队目标就是对团队努力结果的期望。因此，管理者制定目标的过程，就是沟通、发现和确定期望的过程。

例如，管理者在给下属设定目标时，要学会询问下属："我希望你在哪方面努力，努力后带给团队什么结果？你希望我在哪方面努力，努力后带给你什么结果？"

当管理者这么做的时候，就能够让下属明白自己对他的努力结果的期望，同时也能发现下属在完成目标的过程中，对管理者的期望，这种双向沟通的结果，有助于形成双方一致接受的目标，可以实现《孙子兵法》中所说的"上下同欲，则战无不胜"的理想境界。这里的"欲"，是目标，更是期望。

衡量目标是否到位的原则

制定目标看似是一件简单的事情，每个人都有过制定目标的经历，但是如果上升到技术的层面，管理人员必须学习并掌握SMART原则。

所谓SMART原则，即：

- Specific：目标必须是具体的。
- Measurable：目标必须是可以衡量的。
- Attainable：目标必须是可以达到的。
- Relevant：目标必须和其他目标具有相关性。
- Time-based：目标必须具有明确的截止期限。

无论是制定团队的工作目标还是员工的个人目标都必须符合上述原则，五个原则缺一不可。

1. Specific：目标必须是具体的，反对笼统含糊的目标

团队不成功的重要原因之一就是因为目标定得模棱两可，或没有将目标有效地传达给相关成员。

请读者朋友思考一下，以下的目标是不是好目标？

- 每个助理都要有营销意识。
- 这个季度我们要全力以赴。
- 你负责把这个项目剩余的问题解决了。
- 这个月的重点是在各大论坛发帖子。

上述目标都不是恰当的目标，因为黑体的文字让目标变得含混不清。例如"每个助理都要有营销意识"，这种对目标的描述就很不明确，因为增强营销意识有许多具体做法，如市场调查、提供优质服务、减少客户投诉、消除品牌负面消息传播等，甚至名片上要放QQ号码、打电话要使用礼貌用语等也属于营销意识的范畴。当助理不明白"营销意识"具体是什么含义的时候，他就没法确定自己的工作，为了掩盖自己的懵懂无知，他会按照自己的理解去做一些有用或没用的事情来应付目标的完成。

"全力以赴"更是目标描述中常见的错误用语。

一个父亲带孩子去田间劳动，让孩子把田里的一块石头搬到地外去。孩子用双手试了试，说搬不动。父亲说，"你要尽全力才行。"孩子使全力又试了试，石头依然纹丝不动。孩子说，"我尽力了还是搬不动，我不搬了。"父亲说，"你找根棍子试一试。"孩子找根棍子把石头撬动了一半，然后沮丧地坐在地上，他说，"我已经全力以赴了，我搬不动，我再也不搬了。"父亲说，"你还没有尽力，至少你还没有花力气来寻找我的帮助。"

这个故事很形象地刻画了职场中的情形。如果你不能给下属制定出具体而清晰的目标，只是要求下属全力以赴，那么很可能的结果是，下属遇到困难就放弃，而放弃的理由却无可挑剔，因为"我已经尽力了"。

具体的目标好处多多，而模糊的目标坏处多多。具体内容如表2-1所示：

表2-1 具体目标的好处与模糊目标的坏处

具体的目标带来的好处	模糊的目标带来的坏处
1. 相互理解彼此的期望，消除误会 2. 具体的目标给人指明行动的方向，可以带来你想要的结果和行动 3. 责任清晰	1. 彼此不理解，工作中会产生猜测、狐疑和误会 2. 别人会做你不希望做的事情，因为他不知道你到底想要什么 3. 责任不清

2. Measurable：目标必须是可以衡量的，可量化、可检查、易判断

管理格言说："你衡量什么，你就得到什么。"

不可衡量的目标，意味着无法检查效果，无法干预和奖惩，也无法得到你想要的结果。

你从以下的对话中发现了什么问题？

领导问："你这个月工作干得怎么样？"

下属答："还不错。"

领导问："你为什么觉得你做得还不错？"

下属答："因为我做了……遇到了很多的困难，通过我的努力克服了它们。"

上述对话的汇报逻辑是这样的："我做了些什么事、有些什么困难、付出了多少努力等"。

而在现代组织管理中，逻辑应该是反过来的，下属应该汇报的是："我的目标是什么，达成了百分之多少，还有多少差距，打算用什么样的行动减少这些差距。"

上述对话看似是汇报的逻辑问题，其实反映的是目标制定方式的落后和粗放，改善的方向是学会使用量化目标和用数据说话。

3. Attainable：目标必须是有难度的，但也必须是可以达到的

目标必须是通过努力可以实现的，如果一个人怎么努力也实现不了目标，那他就只能放弃实现目标的努力。但是目标也不是越简单越好，因为简单的目标无法激发人的潜能。因此，目标要困难到足以激发人的潜能，但又不能让人感到不可企及。

管理者的职责就在于：让人相信看上去不可企及的目标，其实是可以实现的。要做到这一点，管理者必须做好三件事：设计目标台阶、教练和鼓舞。

设定目标就好像在树上挂苹果。把苹果挂在人一张嘴就能吃到的高度，

是不合适的，因为这没有激发人的任何潜能；为了激发人跳跃的潜能，可以把苹果挂在跳起来可以摘到的高度；如果把苹果挂在跳起来也摘不到的位置，人就不会跳起来了，但实际假设这个高不可及的苹果必须要摘下来，怎么办呢？这个时候管理者就必须教会下属通过助跑跳高的技术。如果把苹果挂在助跑跳高也摘不到的位置呢？这个时候管理者要教会下属撑竿跳高的技术。

这个例子中，苹果的不同高度代表的就是目标的台阶，管理者教会下属跳跃技术、助跑跳高技术、撑竿跳高技术，就是在做培训下属的教练工作，而不断给予下属超越自我勇气的工作，就是管理者的士气鼓舞艺术。

4. Relevant：目标必须和其他目标具有相关性，尤其是与最终目标具有相关性

目标不是独立存在的，而必须与组织内的其他各种目标具有相关性，这种相关性有以下各种内涵：

- 周期相关：周目标需与月目标相关，月目标需与季目标相关，季目标需与年目标相关。

- 垂直相关：团队成员目标需与团队领导目标相关。

- 水平相关：团队成员之间的目标需有相关性。例如，团队成员承担不同目标的工作量要以都达到基本饱和为最佳，因为劳逸不均的目标分配是其他团队成员不能接受的。

- 技能相关：目标的实现要尽可能与成员的长处相关。用人之长，容人之短。

- 责权利相关：目标对最终目标的贡献要与利益分配相关。

在管理实践中，不仅要设定目标之间的相关性，而且还应该把这种相关性告诉给执行目标的人，其中的原因可以用心理学中的"信息激发责任"原理来解释。该原理发现：人一旦知道自己很重要，就会产生更多的责任感。正所谓"能力越大，责任越大"。假如你知道你是来自伽马星球的超人，你自然会产生拯救世界的责任感。

第2章 [计划到位]

因此,要经常告诉团队成员,其目标与其他目标的相关性,要让他知道其目标对团队其他成员目标的实现以及与最终目标实现之间的关系和重要性。

5. Time-based:目标必须具有明确的截止期限

没有时间限制的目标没有办法考核,或带来考核的不公。

如果没有时间限制,上下级之间对目标轻重缓急的认识程度就会不同,团队领导着急,但团队成员不知道。到头来团队领导可能暴跳如雷,而团队成员觉得自己很委屈、很无辜。

如果一个目标需要较长时间才能完成,那么应该增设细化出阶段性的时间目标,在过程中予以检查和处理。

 **目标是一种激励手段**

大多数员工都希望自己能将工作做得更好、使自己更具发展潜力。管理者应该帮助他们建立不断超越自己的个人发展目标。"管理者应将自己的精力放在帮助员工解决障碍上,而不是片面地放在实现自己制定的目标上。"诺基亚公司CEO奥利拉很自信地说:"我在中国能够取得成功,最关键的一点就是给员工以最大的发展空间,这个空间,是员工得以充分发展自己才华的空间,是独立负责完成某件事的空间,是自我想象并得以实现结果的空间。当然这个空间还包括内部流动性。问题是某些企业管理者往往忽视了这一点。"

目标是团队成功路上的里程碑，它给了团队一个看得着的努力方向。在你努力实现这些目标的过程中，它会发挥积极的作用，能够作为你努力的依据不断鞭策你奋力进取。有了目标，你就可以更深地挖掘自己的潜力，更好地把握住现在，督促自己认真地对待工作，并倾尽全力，以取得好的结果，进而实现加薪升职，取得事业成功的目标。

有了目标，就可以改变工作中、事业上的不理想现状，包括低微的职位、枯燥乏味的工作、看不见光明的事业等。当你为自己制定了一个远大的目标之后，便会感觉到涌动在心底里巨大的潜能，而正是这个潜能可以改变人的一生。目标对成功还有更多不可估量的价值。

1. 目标使人看清使命，产生动力

有了目标，对自己心目中喜欢的世界便有了一幅清晰的图画，就会集中精力于所选定的目标上，因而你也就更加热心于自己的目标。

2. 目标使人分清轻重缓急，把握重点

没有目标，你就很容易陷进跟理想无关的琐碎事务中。一个忘记最重要事情的人，会成为琐事的奴隶。

3. 目标使人感受到生存的意义和价值

人们处事的方式主要取决于他们怎样看待自己的目标。如果你觉得自己的目标不重要，那么所付出的努力自然也就没有什么价值；如果你觉得目标很重要，那你就会感到生存的重要意义，你就会觉得为目标付出努力是有价值的。

4. 目标使人集中精力，把握现在

目标对目前的工作具有指导作用。也就是说，现在所做的，必须是实现未来目标的一部分。如果你把自己的精力集中在此时此刻手边的工作上，心中明白你现在的种种努力都是为将来的目标铺路，那么你就能重视现在，把握现在。

5. 目标使人把工作重点从过程转到结果

有很多人虽然工作很努力，做了大量的工作，有时甚至付出了艰苦的劳

第2章 [计划到位]

动,但他们并没有成功。有很大一部分原因就是因为他们混淆了工作本身与工作成果。只重工作过程并不能保证成功,要让一项工作有意义,就一定要使它朝向一个明确的目标。事业成功的衡量标准不是你做了多少工作,而是取得了多少成果。

6. 目标使人工作热情高涨,有助于评估进展

目标可以使你心中的想法具体化,看得见摸得着,这样工作起来也会心中有数,热情高涨。目标同时又提供了一种自我评估的重要手段,你可以根据自己距离目标有多远来评估自己取得的进步。

7. 目标使人产生坚定的信念和战胜困难的勇气

信念、勇气来自于"知己知彼"。对目标及实现过程的清晰透彻的认识,必然使你从容不迫,处变不惊。

8. 目标使人未雨绸缪

目标能帮助你事前谋划,使你把要完成的任务分解成可行的步骤,做好充分准备,提前决断,而不是事后补救。

9. 目标使人自我完善,永不停步

自我完善的过程,其实就是不断去实现目标的过程。而要实现目标,你必须全神贯注于自己的优势。目标能使你最大限度地集中精力,让你不断地在自己有优势的方面努力。

设定目标对你事业方面的作用,一开始可能不是太大。就像航行在大海里的巨轮,虽然航向只偏了一点点,一时很难注意,可是在几个小时或几天之后,便可能发现船会抵达完全不同的目的地。而你坚持了自己的目标,船就会按你的方向航行。

皮尔原来只是美国一家软件公司的普通职员。从他大学刚毕业走进公司的第一天起,他就为自己定下了一个目标:用2年时间当上部门经理。从那天起,"部门经理"就像一面旗帜,他没有一天不按部门经理的身份要求自己。目标真是一个奇妙的东西,它使皮尔每天都被工作的疯狂激情驱使着,

虽然这样工作起来有些累，但劳累过后，看着自己的工作业绩，他便能体会到生活的幸福。到公司不到1年，皮尔就被提拔到了主管的岗位上，他工作起来更加努力了，为此他牺牲了许多娱乐和休闲时间。有了目标，他不觉得工作是累的，而是一种享受。事业像一列巨大的火车，他就在车上跟着时代的步伐向前跑，不达目标誓不罢休。他的工作能力和工作业绩得到了公司总裁的肯定，在当上主管不到半年的时间后，他就被提升到了部门经理的职位上，成为公司里被提拔最快的、最年轻的经理。

皮尔为什么能从普通职员岗位上，迅速升至主管，不久后又升任部门经理？这就是他有目标随时鞭策自己的缘故，这也是目标在一个人身上发挥神奇效能的有力例证。

目标激励法的应用，应从以下几个方面入手。

1. 团队目标要与个人目标联系起来

在实行目标激励的时候，要求企业管理者能够将大家所期待的未来着上鲜艳的色彩，同时也要对实现目标的过程进行规划。在实施激励的过程中，应该避免只是空谈目标而在日常工作中将其弃之一边的情形发生。若要把企业目标真正地建立起来，就要将崇高远大的情感传达到员工那里，并从他们那里得到发自内心的回应，使他们真心诚意地投入工作中去。

在激励过程中，最重要的是灌输目标的整个过程，这需要企业上下开诚布公地全面参与，使员工自觉将个人理想与企业目标联系起来。

企业提出明确的目标，并由管理者有效地与员工进行沟通和传达，让每个员工都明白自己所做的工作，这对于实现企业的目标具有极其重要的作用。以明确的奋斗目标来激发员工的斗志，并让员工把个人目标和企业目标良好地结合起来，从而增强员工的责任感和主动意识，让每个员工都为同一目标而不断努力奋斗。

在企业组织中，每个员工都或多或少地有所期望，但这种期望并没有形成一种动力，就如同每个人都希望拥有漂亮的房子却没有设计蓝图一样。因此，成功的管理者就是要发掘员工的期望，并把这种共同的期望变成具体的目标，而一旦这个具体的目标或理想生动鲜明地体现出来，员工就会从思想上产生一种共鸣，就会毫不犹豫地追随你。形象地说，管理者利用明确而具体的目标激励员工，就是充当一个"建筑师"的角色，"建筑师"把自己的想法具体地表现在蓝图上，让"建筑"的形象生动鲜明地体现出来，以此激发员工为之努力工作。

当然，即使有行动的蓝图，如果没有清楚地规划出实现过程，也无法使大家产生信心。因此，在规划远景的同时，还必须规划出实现远景的过程。这是一个必经的过程，是从现在到实现目标所采取的方法、手段及必经之路。

2. 目标不要太大，如果必须大，则要学会分解

我们可以将目标的实现分成若干阶段，这样既不至于使目标太大，难以激起员工的兴趣，也不至于使目标太小，让员工觉得没有意义。

要让员工和企业有一个共同目标。在成功企业中，通常通过塑造一个共同目标，创造共同的价值理念来激励员工。

美国电报电话公司总裁鲍伯·艾伦发现，该公司过去的想法和做法都像是受保护的公用事业，现在必须改变，而且是在行业动荡不安时进行改变。公司的规划部门为关键性的战略任务提出一个定义，也就是让现有的网络承载更多的功能，开发新产品，从而满足新兴信息事业的需求。艾伦决定不用这样理性和分析性的名词来谈公司的目标。他也不谈论以扩张竞争态势为重点的战略意图。他选择了非常人性化的名词，他说："公司致力于让人类欢聚一堂，让他们很容易互相联系，让他们很容易接触到需要的信息——随时、随地。"这个陈述，表达了公司的目标。但他用的都是非常简单而人性化的语言，使人人都能理解。重要的是，员工能对这样的任务产生共鸣并以此为骄傲。

让企业上下都愿意为企业目标奉献力量，并让这样的努力持之以恒，应该是管理者追求的目标。明确的企业目标是正当可行的,它不是公关惯用的华丽辞藻,也不是鼓舞士气的夸大宣传。所以,管理者对定义恰当的目标应作出具体的承诺。

美国康宁公司总裁哈夫顿曾委派公司最能干、最受尊敬的资深经理人负责康宁公司的品质管理。尽管经历了一次严重的财务紧张,哈夫顿还是拨出500万美元,创立了一个新的品质管理学院,用以实施康宁公司大规模的教育和组织发展计划。他还承诺将每个员工的训练时间提高到占工作时间的5%。康宁公司的品质管理计划很快就达到了哈夫顿的目标。正如该公司一位高层经理所说:"它不只改善了品质,更为员工找回了自尊和自信。"

3. 设定有挑战性的目标

杰克·韦尔奇说:"我不断为每位员工提供富有挑战性的工作,由此造就了了不起的通用员工,然后,再由他们造就了了不起的产品和服务。"

目标,对于员工的激励作用,是毋庸置疑的,但是过低的目标对于激励员工是无益的,只有高目标才能使员工发挥出最大的潜能。

高尔基曾说过:"一个人为自己定的目标越高,那么他的潜能就发挥得越好。"企业要想把员工的潜能发挥得淋漓尽致,就必须制定一个员工跳起来才能达到的目标。遗憾的是,许多企业管理者并没有认识到这一点,他们往往把目标定得太低,让员工轻而易举地就能达到,使员工失去工作激情。传统思维和常规认为,如果制定过高的目标,可能会因难以实现而使员工产生恐惧的心理,达不到激励员工的目的。但是,只要帮助员工找到实施目标的方式和手段,高目标不仅不会使员工恐惧,反而会激励他们充分发挥自己的潜能,唤起他们不断挑战的热情。所以,优秀的管理者总是制定需要员工跳起来才能达成的目标,在员工不断地发挥潜力、不断成长和进步的过程中推动企业的发展。

卓越的管理者都善于通过增加挑战来赋予员工更多的工作激情,从而给员工更强的成就感,引导他们在岗位上精益求精。

第2章 [计划到位]

市场变幻莫测，科技交替也日新月异，在竞争异常激烈的市场中，企业如若不能持续发展，就很可能被对手超越，最后淘汰出局。而要保证企业的持续发展，就必须不断地给每位员工提供富有挑战的工作，激励他们不断创新、变革，以此来加强企业内部活力，推动企业不断向前发展。

通用电气公司人力资源管理的核心，就是"给每位员工都提供挑战性的工作"。使他们从挑战中得到激情，并从中获取经验。自从韦尔奇执掌通用电气公司后，他尽可能地为通用电气公司的每位员工提供挑战更高目标的机会，使通用电气公司得以长久保持在商界的领先地位。

优秀的公司与其他普通公司相比，区别就在于敢于制定更高一级的目标。著名的马尔斯糖果公司就是靠着近乎完美的目标来激励员工，使企业在竞争激烈的糖果市场上处于不败之地。

马尔斯糖果公司的秘诀用一句话来说就是："把目标定到百分之百，竭尽所能追求完美，否则就等于是在放纵自己，到头来只会自食其果。"马尔斯糖果公司在质量上定下的百分百标准，从统计学的角度来看，几乎是不可能的。但正如其自己所说的，如果在制定目标时就预先体谅自己，为自己找好借口，降低目标，那目标也就失去意义了，这无异于是在放纵自己的惰性。

有一次，马尔斯糖果公司的管理者福里斯特·马尔斯发现有一组棒棒糖没有按标准装好，他大发雷霆，盛怒之下，搬出了所有存货，一个个地砸在了会议室的玻璃板上，他绝不容忍任何一个有缺陷的产品出厂。

这种精益求精的态度，不仅存在于管理阶层中，更是每个员工追求的目标。也正因为如此，马尔斯糖果公司的实力不断提升，在强手如林的糖果市场上保持着领先地位。

真正懂得用目标来激励员工的企业，都懂得利用挑战来使目标激励作用最大化，它们会制定跳起来才够得到的目标，竭尽所能地追求完美。这样的企业，从来不会容忍所谓的"可容忍过失"。

阿迪达斯公司制定的"无次品"目标，就是绝无"可容忍过失"的具体表现。"无次品"目标极大地调动了员工的积极性，增加了员工工作的挑战色彩。为了实现这一目标，阿迪达斯公司专门雇佣了近2000名质量检验人员，质量检查人员定时检验产品的生产线，把不合格的产品送回生产线重新生产，并负责把所有发现的错误列成统计图表，用以了解产品质量状态。质量管理人员检验过的产品，质量检验人员再次做彻底的检查。如此的高标准、严要求，充分激发了员工的潜能，每位员工在工作时都投入自己百分之百的精力，从不疏忽大意。高质量标准成就了阿迪达斯公司，使其产品因质优而畅销全球，成为许多经销商的免检产品，也为公司树立了良好的企业形象。

这些卓有成效的企业，无一例外都实施了增加员工工作的挑战色彩的措施，靠着这些措施，这些企业渡过了无数难关。苹果电脑公司也是其中的典型。

自1990年以来，在家用电脑市场排名第一的苹果公司，市场占有率一直在10%～14%，可是到1994年上半年，却跌落到了10%以下。而当时强有力的挑战者——惠普公司和康柏公司，正跃跃欲试地想要取苹果公司而代之，成为新的行业领袖。

面对这种情况，总裁斯平德勒采取了一系列激励措施，他赋予每个员工更富有挑战性的工作，并从中提升一些优秀的管理人员和创新人员，安排他们到一些重要的岗位任职，以此消除长久以来广泛弥漫于员工之间的自满情绪。这种新的挑战极大地激发了员工的工作热情和潜力，提升了企业的活力，增强了其核心竞争力，使苹果公司重新走上高速发展之路。

在人力资源决定企业竞争优势的今天，就参与竞争的企业而言，谁能有效地增加工作的挑战色彩，谁就能更充分地激发员工的潜能，从而推动企业的不断发展。

第2章 [计划到位]

制定行动方案的结果导向原则

一个完整的计划至少包含了一个目标和一个行动方案。

行动方案是实现目标的方法。如果目标是目的地,行动方案就是路径。

目标和行动方案,构成了一张计划路线图。

当目标设定之后,为了实现目标而制定的行动方案,应该符合结果导向原则。

所谓结果导向原则,是指所有的行动方案都要指向结果,并能最终带来结果。

由于目标是对努力结果的期望,因而目标符合SMART原则,才有结果导向的前提。

什么是结果导向呢?我们来看一个例子:

一位企业领导让李浩去买书,李浩先到了第一家书店,书店老板说:"书刚卖完"。之后他又去了第二家书店,营业人员说已经去进货了,要隔几天才有。李浩又去了第三家书店,这家书店根本没有。

快到中午了,李浩只好回公司,见到领导后,李浩说:"跑了三家书店,快累死了,都没有,过几天我再去看看!"领导看着满头大汗的李浩,欲言又止……

买书是任务,买到书是结果,李浩去实践任务,却没有业绩,也就是说,他有了苦劳,却没有功劳。不仅如此,他还浪费了半天的时间,而这半天时间老板必须给他支付工资……

只要动一下脑筋，就可以想到许多好主意。如李浩买书，至少有三种方法可以保证他完成任务，把事做成。

方法一：打电话给书店，确定哪一家书店有这本书，再去购买。

方法二：上网查找这本书的信息，向网上书店订购或直接联系出版社邮购。

方法三：到图书馆查是否有这本书，如果有，就问领导愿不愿花钱复印。

这三种方法都可以保证李浩得到书，但他没有这样做，不仅没有解决问题，反倒成为了问题的制造者。

李浩的行为就是一个典型的缺乏结果导向思维的例子。

姜汝祥先生在其著作《请给我结果》一书中举了一个"九段秘书"的例子。

总经理要求秘书安排次日上午9点开一个会议。通知到所有参会的人员，然后秘书自己也参加会议来做服务，这是"任务"。下面是秘书的九个段位的具体做法。

一段秘书的做法：发通知——用电子邮件或在黑板上发个会议通知，然后准备相关会议用品，并参加会议。

二段秘书的做法：抓落实——发通知之后，再打一通电话与参会的人确认，确保每个人都被及时通知到。

三段秘书的做法：重检查——发通知，落实到人后，第二天在会前30分钟提醒与会者参会，确定有没有变动，对临时有急事不能参加会议的人，立即汇报给总经理，保证总经理在会前知悉缺席情况，也给总经理确定缺席的人是否必须参加会议留下时间。

四段秘书的做法：勤准备——发通知，落实到人，会前通知后，去测试可能用到的投影、电脑等工具是否工作正常，并在会议室门上贴上小条：此会议室明天几点到几点有会议。

五段秘书的做法：细准备——发通知，落实到人，会前通知，也测试了设备，还要先了解这个会议的性质是什么，总裁的议题是什么。然后给与会者发去与这个议题相关的资料，供他们参考（领导通常都是很健忘的，否则就不会经常对过去一些决定了的事或记不清的事争吵）。

六段秘书的做法：做记录——发通知，落实到人，会前通知，测试了设备，也提供了相关会议资料，还要在会议过程中详细做好会议记录（在得到允许的情况下，做一个录音备份）。

七段秘书的做法：发记录——会后整理好会议记录（录音）给总经理，然后请示总经理是否发给参加会议的人员或其他人员。

八段秘书的做法：定责任——将会议上确定的各项任务，一对一地落实到相关责任人，然后经当事人确认后，形成书面备忘录，交给总经理与当事人一人一份，并定期跟踪各项任务的完成情况，及时汇报总经理。

九段秘书的做法：做流程——把上述过程做成标准化的"会议"流程，让任何一个秘书都可以根据这个流程，把会议服务的结果做到九段，形成不依赖于任何人的会议服务体系！

从以上九个不同段位的秘书的做法中可以看出，执行并不是只有一个结果，不同执行力的人给出的结果也不同。但无疑九段秘书给出的结果才是最具执行力的体现。

所以，我们在做工作时不能将目光只停留在"完成任务"上，我们应该看得更长远一些，将执行的着眼点放在"结果"上，而且，最好是一个能够创造价值的好结果。

因此，管理者在制订计划的过程中，要常问自己："我们想做什么？我们打算怎么做？这样做将会给自己和团队带来什么结果？这个结果是我们正在追求的吗？"

有效计划的特征

综合前面的阐述,可以勾画出有效计划的基本特征:① 目标符合SMART原则。② 行动方案符合结果导向原则。③ 两者缺一不可。

通过上述结论,可以把计划的状态分为四种类型,如图2-1所示。

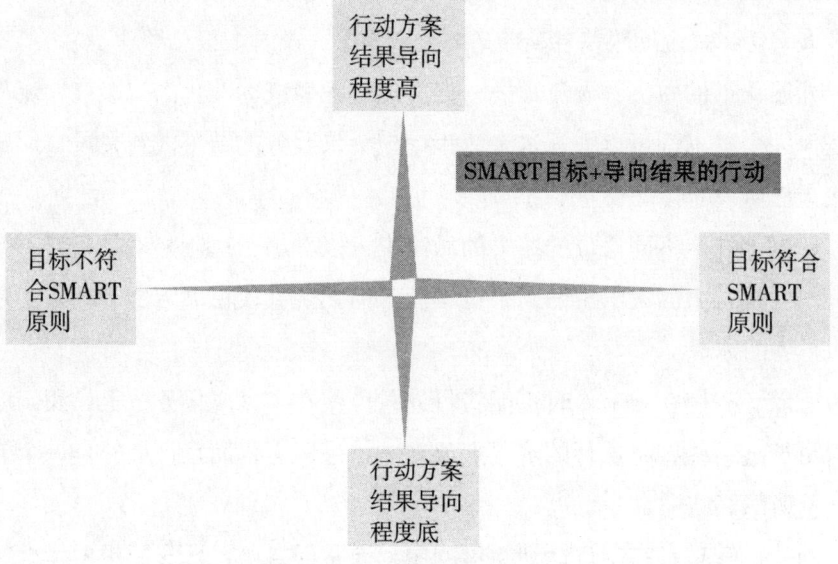

图2-1　计划状态的四种状态

显然,第一个象限的计划符合有效计划的特征。读者朋友可以自行对照一下,你的计划水平目前处在哪个区域?

另外,组织中的计划还应该成为一个体系,分成不同层次的计划。

1. 高级层次:决策人员的战略计划

决策人员的战略计划的主要内容涉及公司要达到的整体性成果:

(1)长期目标和政策。

(2)组织向何方向发展,为什么。

(3)什么样的预算需要批准,需要什么资源。

(4)由什么人控制什么事,什么人应该对什么事负责。

(5)所期望的成果是什么,何时、何地要达到这些成果。

2. 第二层次:高级管理人员的策略计划

高级管理人员的策略计划主要是为了实现全面指挥:

(1)如何实现已确定的目标。

(2)需要什么样的一般的资源和设备。

(3)什么时候实行已经过批准的方案。

(4)应该在什么地方对一些重要活动加以协调。

(5)什么人对哪些业务进行监督。

3. 第三层次:中基层管理人员的工作计划

中基层管理人员的工作计划常常要规定部门的业务重点:

(1)中基层管理人员个人工作安排、工作布置。

(2)要求有一些什么样的具体日程——什么时候,什么地方,为什么。

(3)要求有一些什么样的部门设备——什么时候,什么地方。

(4)如何对员工工作进行指示和激励。

(5)进度报告和必要的改正措施。

(6)为了完成所分配的任务而需要进行的协调。

4. 第四层次:各个岗位的工作计划

前三个层次计划的执行最终都有赖于各个岗位的计划支持和落实,因此各个岗位的工作计划应包括以下内容:

（1）岗位任职者的每日工作计划、时间安排。

（2）需要什么人、什么时间的什么支持。

（3）遇到了何种困难，是否需要请示汇报，或自己的解决办法。

（4）进度报告和必要的改正措施。

（5）完成任务的优先次序。

（6）对被打乱了计划进行调整。

组织中不同层次的计划之间是什么关系呢？一般人会认为是包含的关系、整体与部分的关系、从属关系等。这些答案都不能算错，但却都不够明确和科学。

管理学中用"手段—目的链"来解释上下级计划之间的关系。

较低层次的目标是实现上一层目标的手段，而上一层目标又是实现更上一层目标的手段，这种层层锁定的链条被称为"手段—目的链"。

"手段—目的链"准确地描述了组织中各种目标和各种计划之间的关系。高层计划中的行动方案，绝大部分要转化为下层计划中的目标。由于实现某一目标的行动方案不止一个，因而要转化为多个下层计划中的目标，如此一来，就在组织中形成了一个目标体系和计划体系。

例如，组织高层的目标之一是降低运营成本10%。假设实现这一目标的手段包括：① 裁减5%冗余员工和岗位。② 把反对浪费、厉行节约的原则贯彻到工作的各个方面。③ 提高产品研发的成功率。④ 通过质量管理减少产品返修率。

那么高层管理人员实现目标的上述手段，就应该转化成为下层人员的目标，如：① 人力资源部门的裁员目标。② 行政人员的压缩会议开支目标、提高办公耗材使用率的目标（如要求内部资料双面打印）。③ 研发部门的市场调查目标。④ 生产部门的采购目标、生产目标、检验目标等。

因此，从事管理工作是需要集思广益和想象力的，因为你实现目标的手段越丰富，你能给下属开发出来的目标才能越丰富。

制订计划前的调查

任何一个可行的计划都应该是基于企业本身的条件和外部环境的现实要求之上的。如果一个计划超出了企业本身的条件限制，或者与现实环境存在偏差，那么，这个计划肯定是无效的和不可行的。

如果要保持计划与企业内外环境的一致性和适应性，计划制订者就必须在编制计划之前对企业的内外环境进行扫描、调查和预测，以便为计划的编制提供各种参考依据。

企业调查的目的就是要了解企业内外环境的各种情况，一方面能及时发现问题，另一方面能为计划提供各种数据。

企业调查内容的范围很广，从企业内部的人、财、物、生产等到企业外部的市场供求情况、消费者心理、国家政策、法律的规定和竞争对手的情况等。

企业调查是一项严肃细致的工作。它有自己的一套工作方法和程序，根据不同的内容，采用不同的方法。调查要尽可能地以数据说话，而不能想当然。

企业调查是一项长期性的工作。这是由于企业外部情况是在不断变化的，不可能调查一次之后就一劳永逸，而是要不断理解新情况、新变化，以使计划决策建立在可靠的基础上。

1. 调查的内容

一般来说，企业调查可分为市场调查、竞争对手调查、社会政治经济文化因素调查和企业内部情况调查几个方面。

（1）市场调查。在作用于企业的各种因素中，市场是与企业最为密切相关的因素。因此，市场调查是企业调查最重要的一环。

市场调查的内容很多，其中最重要的部分是消费者调查。消费者调查首先是对市场按一定的标准进行划分，了解消费者在各个地区、各个阶层的分布情况。然后，在市场细分的基础上，找出企业产品的主要消费者和忠实消费者。企业应该充分重视这两种消费者的意见和要求，并最大限度地予以满足。

在对这两种消费者进行调查时，一方面要了解他们对产品的品种、规格、花色、价格、数量、质量和服务等方面的意见和要求；另一方面要注意他们的购买动机和偏好。

调查了解市场购买力也是市场调查的重要内容。因为，购买力决定着市场需求情况。同时，企业也不应该忽视对市场潜力的调查。

（2）竞争对手调查。在市场竞争日益激烈的今天，竞争对手调查的价值日显重要。

竞争对手调查主要包括四个层面：

首先，企业要对竞争对手的基本情况有所了解，明确哪些是企业的竞争对手，数量是多少。在确定竞争对手时，主要依据它们的战略定位和采取的竞争战略而定。

其次，企业要对竞争对手的竞争实力和核心能力进行了解。每个企业都可能有自己的核心能力，这种核心能力是企业获取竞争优势的主要源泉。因此，了解竞争对手的核心能力有利于企业扬长避短。

再次，企业还要分析竞争对手发展新产品的动向、对用户的服务方式等，以便为企业的产品和服务开发提供依据。

最后，企业也不能忽视对潜在竞争对手的调查。通过调查可以使企业在潜在竞争对手发展起来之后有备无患，采取相应的对策。

第2章 [计划到位]

(3) 社会政治经济文化因素调查。"风物长宜放眼量",企业为了从长计议,还必须对外部环境进行更广泛的调查,包括国内外的政治局势,国家政策、计划、法令等,以及社会文化、社会心理、科学技术的发展。这些因素对企业产生着不同程度的影响。

(4) 企业内部情况调查。在了解外部环境的同时,企业还必须对企业的内部环境进行调查,了解企业的内部情况,以便使计划与企业的实际情况相符。

企业内部调查的主要内容有企业的生产能力、技术水平、管理能力、资源条件等。对本企业情况的了解,可以通过对企业的产、供、销各方面情况的统计分析来进行。通过对生产技术资料的分析可了解企业的生产能力和技术水平。通过对各种销售资料的统计分析,可了解本企业产品在市场上的反映。对企业内部情况了解的准确程度取决于企业的基础调查工作做得如何。

通过企业内部情况调查,管理者可以对企业的强项和弱项有所了解,这对计划的制订是非常重要的。

2. 调查的步骤

(1) 预备调查阶段。企业调查的目的是收集与分析资料,以便为企业计划的编制提供依据。因此,企业在调查时要先确定调查的范围和调查的对象。为了确定调查的范围和调查的对象,企业一般先进行初步情况分析和非正式的调查。

(2) 正式调查阶段。企业在预备调查的基础上,要结合本企业经营中存在的主要问题,明确调查的目的。调查项目可以是多方面的,如企业产品的价格、质量、数量、销售途径和技术水平。

在明确调查目的之后,就要确定调查资料的来源以及收集方法,并制定调查计划。

无论是第一手资料还是第二手资料,收集的目的是为了应用。因此,资料的收集要有针对性。在有计划地收集资料时要注意保持资料的系统性、完整性和连贯性，还应注意及时收集有关调查问题发展动向和发展趋势的情报资料。只有如此才能为计划提供可靠的依据。调查计划包括了企业调查的目的、调查的对象、采用的方法、调查费用的支配以及调查的作用。

（3）结果处理阶段。这一阶段是将收集到的资料进行整理、统计和分析，然后根据分析结果提出调查报告。在处理时，首先要把调查到的资料进一步核实并分类。其次再进行统计计算，有系统地制成各种计算表、统计表、统计图，以便使用和分析。

3. 调查的方法

调查的目的在于取得各种信息。信息不同于资料，信息是对一大堆杂乱无章的资料整理后的解释。比如，将一张张发票加以汇总，可找出不同地区的销售量。这个不同地区的销售量就是一个重要信息，它解释了一大堆发票中所隐含的产品市场分布。调查工作本身就是对资料的加工整理。

一般来说，调查方法可以分为资料法、询问法、观察法、实验法和抽样法。

（1）资料法。资料法是通过各种渠道收集有关企业经营活动方面的相关资料进行分析、整理的方法。使用这种方法费用少而效果好。

（2）询问法。询问法是以询问的方式作为收集资料的手段，将所要调查的事项以当面或电话、书面的方法向被调查者提出询问，以获取所需要的资料。询问法是市场调查中常用的方法。

询问法按调查方法的不同可分为个人询问、集体询问、电话询问、信件询问、电子邮件询问等。这几种方法的采用，依赖于调查问题的性质和要求以及资料范围、调查经费、时间长短而选定。

（3）观察法。观察法是在被调查者感觉不到的情况下进行观察的方法。这种方法不直接向被调查者提问题，而是从旁边观察并记录所发生的事实,观察被调查者的行为、态度,如调查者在现场观察顾客的行为。这种方法可以比较客观地收集资料,调查结果比较接近实际,但要求调查人员富有经验。

(4)实验法。实验法是先选定某一特定市场和时间进行小规模的实验,然后进行分析,看是否值得大规模推广的方法。实验法应用的范围很广,凡是产品改变品种、价格、质量、规格、花色、包装等因素时,都可采用实验法。通过实验,了解消费者对于价格是否接受,花色品种是否受欢迎,以确定是否生产、生产多少。

日本一家灯泡厂生产出一种能保护视力的新灯泡,先请1 300个家庭免费试用,一家给两个,2周后征求意见,86%答复是肯定的,他们认为新灯泡确有保护视力的作用。这样灯泡厂心里就有了底,于是委托100多家商店试销10万只新灯泡。不久,灯泡全部售出,于是灯泡厂开始大规模生产。

(5)抽样法。企业调查资料最好用全面调查的方法取得。这种方法所取得的资料全面可靠,但花费人力、物力、财力较多,并且调查的时间长,不适合一般企业的要求。

企业在品种多、产量大、用户多、销售范围广的条件下,可选用抽样的方法。即从全部调查对象中选择一部分具有代表性的对象加以调查,并据此从数量上推断全体的调查方法。抽样调查既省钱、省力、省时间,又可以把调查对象集中在少数有代表性的对象上,可获得与全面调查相近的调查结果,所以这种方法在调查中被广泛使用。

 **计划前的预测**

计划中的预测是根据过去和现在的资料，运用科学的方法与手段，找出事物发展的内在规律，估计或推断其未来发展的趋势，计划的未来含义间接表明预测是计划工作的重要组成部分。法约尔认为预测是管理的本质，并认为计划是各种预测的综合产物，不论是长期计划、短期计划、专门计划或其他计划，都是这样。

对未来状况估计的正确与否，依赖于人们对社会、经济、科学技术和自然环境等方面的认识深度。从理论上来看，事物发展的规律是可以认识的，因此，几乎对任何事物的发展都可以预测。但是，人们对事物发展的规律的认识程度总会受到各种条件的限制，特别是有些经济、社会现象错综复杂，按人们已有的认识水平，对未来状况中所包含着的一些不肯定的因素，尚不能作出完全肯定的结论，而只能作出估计。

预测是有主观性的，特别是随着时间因素的扩大、预测时间的延长，更带有主观性，但是，它仍然是计划过程的必不可少的组成部分。作为长期计划的基础，预测试图使未来的环境减少一些不确定性。自觉地对社会、政治、经济和技术进步进行预测，将有助于管理者避免掉入可能具有灾难性的陷阱。实践表明，经常性的监督并不一定能保证成功，企业必须要有能力利用已经认识到的机会，把计划工作和其他管理工作建立在科学的预测基础上。

第2章 [计划到位]

一般来说,预测需要解决的问题有:将要产生什么样的市场?产品销售的数量将是多少?产品将以什么样的价格出售?将生产何种产品?技术发展的状况将如何?生产成本将是多少?国家的各项政策将会发生哪些变化?现有的竞争对手有哪些?

1. 预测的程序

预测的程序,一般可以概括为以下九个步骤:

(1)确定预测的目的及其用途:预测有两种目的和用途,其一是预测未来,为编制计划提供科学依据;其二是对执行计划的预期结果做出预测。在第一种情况下,预测是为计划提供依据;在第二种情况下,预测是预测计划工作的结果。

(2)确定预测的因素。根据确定的预测目的或用途,选择、确定可能影响预测目标的各种因素。

(3)收集、整理和分析资料。依据预测目的及选定的影响预测的诸因素,准确而详细地收集各种历史的和现状的资料,并加以整理,分析其发展趋势。

(4)选择适当的预测技术。对不同的情况分别选用不同的预测方法,并尽可能对同一预测对象采用不同的预测方法进行预测,以便比较分析。

(5)理论抽象或创立预测模型。在对客观经济现象进行分析的基础上,寻找其规律性,创立模型。

(6)假设因素和建立模型条件。

(7)进行预测。根据选定的预测方法和模型,进行计算,并核对所得到的预测值。

(8)计算预测误差。

(9)提出预测报告。

对预测工作进行定性、定量的综合分析,作出最终预测,并提出预测报告和决策建议。

以上是预测的基本程序。作为一种程序，其各个步骤是紧密相关的，是不能省略的，也不能跨越进行；否则，将无法得出令人满意的预测结果，甚至于作出错误的预测。

2. 预测的方法

由于预测的对象和期限的不同，所采用的预测方法也不同。到目前为止，预测方法已超过200多种，而且随着统计学、数学、运筹学在管理中的运用，以及管理科学的发展，预测方法还在不断增加，从粗略的估计到精确的计算都有。虽然方法繁多，归纳起来大致分为三类，本书简要介绍如下。

（1）直观法。直观法主要靠人的经验和结合分析能力来预测。这种方法自古有之，但如何做到尽量尊重客观实际，而不陷于主观武断，仍然大有学问。

直观法主要有：经理人员评判意见法、专业人员分析法、专家意见法等。

（2）外推法。这是一种利用过去的资料来预测未来状态的方法。事物的发展总是有联系的，过去和未来不可能截然分开，这种联系是建立外推法的客观基础。这种方法的特点是简单易行，只需有关过去情况的可靠资料，就可以对未来作出决策。但这种方法不能揭示事物之间的内在联系，用于长期预测可靠性不高。在短期和近期预测中用得较多。

外推法有：简单平均法、移动平均法、加权平均移动法、指数平滑法等。

（3）因果法。这种方法强调找出事物变化的原因，找出原因与因果的联系方式，并以此来预测未来。这种方法也是经济预测中常用的方法。

因果法有：回归分析法、数量经济法等。

第2章 [计划到位]

 计划中的沟通与参与

计划的制订并不是管理者一个人的事,不论计划的大小,都是如此。

因为,只有让每个与计划有关的人和部门都知道计划与他们的利害关系,才能使计划的执行变得顺畅。而且,最重要的是,计划本身的编制也需要从他们那里获取必要的信息,只有这样才能制订出切实可行的计划。

获取这些信息的最佳方法就是设法让每个与计划有关的人和部门都参与到计划的制订工作之中。其中,计划交流会议是最有效的方法。

计划交流会议的次数和长短主要根据任务的规模和复杂程度而定。但是,按照一般的标准,计划交流会议应该包括以下内容:

会议1:给会议成员定向和定位。

会议2:制定会议的目标、范围和工作任务表。

会议3:建立最后的工作任务分析表及任务结构图。

会议4:确定各任务的依赖关系及持续时间。

会议5:制定进度表和预算。

会议6:任务落实和动员大会。

与相关人员进行积极的互动和让他们参与到计划的制订中来是至关重要的,这些工作对计划的制订和执行都会产生非常积极和有益的影响。这一点也是许多缺乏计划经验的人所忽略的。

计划的调整

在日益复杂多变的市场环境中,保持计划的灵活性是非常必要的。如果计划失去了与环境的适应性,计划的价值就荡然无存,甚至会使企业贻误市场机会。要保持计划与环境的适应性,就必须不断对计划进行调整和修正。

管理者在调整计划时,应遵循以下几项原则。

1. 及时性原则

调整计划是为了使企业的计划更适合企业生产经营的现实环境。企业生产的外部环境经常发生变化。各种因素的变化都直接或间接地表现为市场的变化。一旦这些因素发生了变化,再按照已有的计划进行经营活动,企业就要蒙受一定程度的损失。因此,企业内外环境发生变化时,企业应根据这种变化及时调整计划,使企业计划跟上市场的变化,以最快的速度适应外界,把损失减少到最低限度。

2. 预见性原则

在市场竞争中,哪个企业更具有预见性,它就更能适应市场的变化。如果总是跟在市场的后面跑,企业就难以取得竞争中的主动权。常常有这样的情况:能正确预测市场的变化的企业,就能够赶在变化的前头,及时调整计划,向市场推出新产品;而那些对市场变化缺乏预见性的企业,待发现市场明显变化后才调整计划,便错过了时机。所以,管理者应根据企业生产经营环境的蛛丝马迹,加强预测,面向未来,根据对未来的预见调整计划。

第2章 [计划到位]

3. 能动性原则

当企业根据外部环境的变化调整计划时，调整后的企业计划对于企业的人力、物力、财力等提出了新的要求。如果企业不能满足这些要求，那么调整后的计划便等于一纸空文。因而，企业应充分发挥自己的能动性，及时调整企业内部的人力、物力、财力，使企业内部条件得到最合理的使用，为实施调整后的计划创造条件。

4. 协调性原则

企业根据市场变化对某项计划进行的调整，往往涉及企业的其他计划。企业是一个整体，各方面的工作相互联系、相互制约，因而，在调整计划时，应在新的基础上使企业的各项计划达到新的协调。这就要求管理者在调整计划时，全面分析、统筹安排，对各个相关计划进行同步调整，以维护企业的整体利益，避免形成由于其他计划的牵制使调整后的计划难以实施的局面。

5. 相对稳定性原则

企业的经营环境每时每刻都在发生着变化。如果企业的计划也每时每刻都进行调整，那么，一则管理人员的精力都得放在调整计划上，无暇顾及其他；二则这样频繁的调整也使计划变得只与最近的过去和最近的将来有关，在某种程度上丧失了计划对于未来实践的指导意义。因此，企业在调整计划时，还要注意使计划保持相对的稳定性，而要达到计划的相对稳定性，就要大力提高计划的预见性，使企业计划能够预见和适应未来的变化。

管理者可以选用的调整计划的方法包括滚动计划法、外推式预测法和备用计划等。管理者应该根据企业的特点、任务的性质和内外环境的变化趋势，选用适宜的调整计划的方法。

1. 滚动计划调整法

滚动计划调整法是定期调整计划的一种方法，包括以下几个步骤：

（1）管理者应把对某一时期（10年、5年、年度、季、月）的计划按相等的时距划分为若干阶段（如把企业的5年计划划分为5个年度计划，把企业年度计划划分为4个季度计划或12个月度计划）。

（2）当第一个阶段（如头一年、头一季、头一月）结束时，收集这一阶段计划的执行情况，将实际情况与计划加以比较，找出存在的差异。找到实际与计划之间的差异是进行分析的基础。

（3）对实际情况与计划之间的差异进行分析，找出产生差异的原因，根据企业的战略目标对差异进行评价，对此要分析这种差异对企业有利还是有害。

（4）管理者应根据对头一阶段实际与计划的差异的分析评价，修正原计划中剩余阶段的计划，顺次修订下一时期的计划。

（5）将调整后的剩余时间的计划和新拟定的下一时期的计划合并为一个计划。

随着时间的流逝，每经过一个阶段，都要进行以上5个步骤的计划调整，使企业计划滚动式地向前发展。

2. 趋势外推调整法

趋势外推调整法是趋势外推预测技术的一个应用。它是将趋势外推法得出的下一期预测数作为下一期计划指标的调整计划方法，包括简单平均数法、移动平均数法、加权平均数法等。比如，企业要对整月度销售计划进行调整，就是根据前几月实际销售数计算平均数，并把平均数作为本月销售计划数。

趋势外推调整法特点是简单易行，只要找到前几次的实际数字，经过简单计算，即可得出结果。但是，这种调整计划方法有一个前提：假定客观发展的趋势在近期内不发生变化。因而，这种方法有一定的局限性，它往往不能适应市场上的变化，尤其不能适应使趋势发生逆转的变化。

3. 启用备用计划法

备用计划也称为应变计划，是指为了应付突然发生的变化，特别是使客观趋势发生逆转的变化，企业可以采取启用备用计划的方法调整计划。

第2章 [计划到位]

企业根据客观发展趋势拟订本期计划之后,还要充分估计各种可能出现的意外情况,并根据每种可能出现的意外情况分别拟订备用计划。

备用计划通常不是单项计划,而是成套计划,因为当环境发生变化时往往要波及多项计划。拟订备用计划的同时,要确定启用备用计划的先行指标,这些先行指标是意外情况出现的先兆,是企业报警系统的红灯或警铃。在执行本期计划的过程中,一旦出现意外情况,企业就可运用先行指标对意外情况进行分析、鉴定,判断意外情况影响的幅度和时间等,据此当机立断作出是否启用备用计划、启用哪套备用计划的抉择,并马上付诸实施。

 **计划是个好习惯**

计划实际上是一种理念、生活态度和行为方式。因此,你在进行计划管理时,必须从更广阔的视角去认识和理解管理,提高自己的计划管理水平。也就是要求你从思想上、态度上和行为方式上来提升自己,只有这样,你才能成为一名真正的成功者。

1. 培养你的远见

远见就是你对未来的一种清晰而准确的判断和描述。

远见是计划的核心。没有远见的计划是毫无价值的,也是与计划本身的要求相违背的。

既然远见是如此的重要,那么,怎样才能提高人们的远见力呢?

事实上,远见是人们对未来世界的一种自我理解。这种理解是建立在自己的经验之上的。换言之，人们所理解的未来是其过去经验的一种延伸。因此，一个有经验的人往往比一个没有经验的人更具有远见。为此，人们应该加强对现实世界的体验，这些体验应该是多方面、多层次的。

需要引起注意的是，在这样一个复杂多变的社会里，经验的负面价值日益明显。昨天的成功经验往往到了今天和明天就完全没有价值了。正好相反，昨日的成功经验往往成为一种包袱和陷阱。在这样的环境中，要形成自己的远见，尤其是形成清晰而准确的预见更是难上加难。

因此，如果你要形成自己的远见，首先，保持一种发展和跳跃式的思维方式是非常必要的。再次，你还必须有一种能透过事物表面看到本质的能力。尽管外部世界瞬息万变，但是，一些本质上的东西是永恒不变的，或者说更具有时间上的连续性。最重要的是，你一定要形成思考的习惯。思考是一个去伪存真、抽丝剥茧的过程。

2. 明确你的实力和弱点

不论你是为个人还是为企业制订计划，你必须明确你自己的实力，明确你能干什么、擅长什么和喜欢干什么。如果你是为企业制订计划，你还得明确你所在企业的实力。

明确个人和企业的实力是你制订计划的前提。对于个人而言，你制订计划的目的就是为了使自己在未来的生活、学习和工作中能做得更好，使自己的行动更为有效，从而能更快地实现你的梦想。但是，一个人不可能什么都擅长。毋庸置疑，每个人都有自己擅长的一面，也有不擅长的一面。例如，有的人善于交际和演讲，而有的人却善于思考，还有的人动手能力很强。

因此，一个人价值最大化的方法就是发挥自己最擅长的一面。相应地，一个人的目标和理想也应该是基于自己的特长和实力。只有这样，才能使自己的行为效用最大化。因此，在制订计划时，你应先对自己的实力和特长有所了解，并在此基础上制订出一个能充分发挥个人特长的行动计划。反而言之，你的计划只有基于你自己的实力和特长，才有实现的可能性。

以上的道理同样适用于企业计划。假如你要制订一个企业经营计划，你在了解外部环境对企业所提供的各种机会和可能带来的威胁的基础上，必须对企业本身的实力，也就是企业的强弱项有所认识。相对于个人而言，明确企业的实力更为重要得多。市场竞争的残酷性促使每个企业不得不想尽一切办法以超越竞争对手。

一个企业要想超越竞争对手，得先明确自己的实力和竞争对手的实力。根据竞争战略理论，一个企业的竞争优势主要来自于它的核心能力。因此，了解企业的核心能力是你制订计划的前提条件。

同样地，明确你的企业的强弱项也是非常重要的。相信没有一个企业愿意用自己的弱项与别人的强项进行竞争，正如没有人愿意用鸡蛋去撞石头一样。扬长避短是企业获取竞争优势的不二法门，也是个人成功的唯一选择。

3. 确定优先考虑的事情

重要的任务能够给投入的时间以很高的回报，并能对你的长远目标和任务的实现起到不可忽视的作用。紧急的任务需要管理者及时对其采取行动，如果不能及时付诸行动，就有可能对任务和目标的顺利实现产生重大影响。

首先，你在行动之前，先研究所列出的事情，问问自己，是否列出的每件事情都将使你向任务目标靠近；是否它们会使你朝着错误的方向前进。选出那些与你的目标直接相关的任务，并将它们按照优先原则依次排列。

再次，将重要并紧急的任务排在最前面，然后列出重要但并不紧急的任务。而且，在你准备着手实施一项新任务时，不要每次都停下来决定该优先考虑哪项任务。如果你在工作的前夜便对此加以明确，或者将它作为你每天清晨的第一项工作，那么你就能够取得更高的工作效率，能够更好地掌握你的时间，并且能够知道哪些重要的工作正在进行中。

最后，不停地对你确立的优先事项进行检查，并在你有充足的理由时对其进行修正。不要害怕对那些可能破坏你整个策略的不重要的任务说"不"。始终将你的目标放在第一位，这样一来，你就不会过高地估计你正在进行的工作的重要性。

4. 一旦就绪，立即实施

不要过于沉湎于计划的过程，这会妨碍你判断着手实施的时机。

过多的思考是一种毒药。在实践中，太多的人总是想得太多、做得太少，计划的太多、实施的太少。有的人的每天都在制订计划，每天都在想象美好的未来，却没有让人看到其实际的行动。这样的空想主义者是不可能成功的，制订的计划也是毫无意义的。

一个成功的计划者总是把主要的精力放在计划的实施过程中，而不是计划的制订过程中。一旦计划就绪，他就全身心投入计划的执行过程中。他深知，计划是干出来的，而不是想出来的。过多的思考只会让人们犹豫不决而错失各种机会。

5. 保持灵活性

你身边的一切都在不停地变化，即使是一个完美无缺的计划，也可能在你用到它的时候成为过时之作。事实上，许多有经验的人都认为：唯一一套百分之百不会过时的计划，就是刚刚经过修改的计划。

其实，计划就是用来修订的。这一点乍看上去似乎是矛盾的，因为灵活性和计划性一般来说是相反的两极。实际上这两个因素是成功的计划管理必需的组成部分。它们不是"非此即彼"的关系，而是"既要……，又要……"的关系。

因此，不断分析你的实力和弱点、机遇和威胁之间的相互作用，哪怕你已经实现了某些初步的目标和任务。保持充分的灵活性，认真地对前方存在的挑战进行思考，等你能够不带丝毫偏见地对待新思想的时候，再来判断什么事情重要、什么事情不重要。如果改变原定策略看起来对实现目标大有益处，你会更容易地采取另一套新颖的行动计划。

同时，保持多样性也许是防止计划过时的最好武器，这和"不要把所有的鸡蛋放在一个篮子里"是一样的道理。多准备一些可供选择的方案，从而避免你在原始方案无法奏效的情况下措手不及。还有，撤掉那些不能达到你的要求的方案。

6. 养成计划的习惯

为你做的每件事情制订计划，使之成为一种习惯性的行为。

从日常生活中的小事做起，继而发展到你的人生目标和使命。明白什么是你应该优先考虑的任务，并先去完成这些任务。不要企望运气，全力以赴做你应该做的事情。

成功是习惯行为的产物。如果你在生活中的某一方面努力做得很出色，那么你的成功会延续到你生活的其他各个领域。认真检查你取得的成绩，看看自己究竟做得如何，并且将今天的体会融入到明天的策略之中。因此，如果你能养成计划的习惯，并能在这方面做到非常的出色，那么你在其他方面也将会受益无穷。

让员工参与计划也是一种激励

参与激励，是为了提高员工工作积极性、主动性，采用各种方式让员工参加企业的决策和管理的一种激励方式。

实施参与激励，要求企业的管理者和员工对企业内部的情况全面了解，双方都采取政策公开、意见公平的原则。这种方式特别重视个人的自尊心和激发个人的潜力，从而促使员工对企业及个人的目标确定、工作程序、工作成果评价等充分发表意见。参与激励的形式有建议制度、质量管理小组、职工代表大会制度等。

参与激励可以使员工有更多的机会关心和参与企业的管理及决策，使员工个人目标同企业目标相联系，增强员工的责任感和工作积极性，加强员工之间的团结，增强整个企业的凝聚力。

让员工参与企业管理，最首要的就是让员工参与企业决策。一旦员工参与决策，参与企业规则的制定，员工就会感受到自己是一个重要的人，所要遵守的是自己参与制定的规则，这样员工在工作中就会自动地维护企业的规则，肯定不会去破坏自己制定的规则。而且，在执行决策的过程中，因为已经对决策有了深刻的了解，就能够最大限度地节省资源，避免浪费，高效地执行。对于管理者来说，不但得到了最具实用性的信息，而且不必花费什么精力就能够和员工建立起更融洽的关系。所以，让员工参与到企业管理中去，是达成企业和谐的根本所在。

通常，我们把员工参与的管理方式形象地称为"让棋子自己走"，认为这种方式比传统的管理方式更能收集员工的意见和建议，更能发掘人才，也更能得到对企业决策有价值的信息。因为员工是管理者决策的最终执行者，对于管理者决策方案的制订也最有发言权。让员工在制定一项新的决策时参与讨论，表达自己的想法，并不会使管理者丧失掉权威，反而会使他们得到更多的尊敬和爱戴。因为当管理者把员工当做是一个有头脑的、重要的合作伙伴来对待时，员工们就会感受到被尊重，也就会在心底深处将管理者看做是能够了解他们心声的人。管理者在认真听取员工意见的过程中，还能够得到一些更具实用性的、由员工在实际工作中总结出来的经验，这样作出的决策会更科学。员工参与了决策的制定，就会对决策有深入的了解，不会产生理解错误，在执行决策方案时也会表现出更大的热情和信心，使方案执行得更彻底、更顺利。

管理者实施"员工参与"式的管理并不是做表面文章，而是要真正地听取员工的意见和建议，并要对提出建议的员工进行感谢和奖励。管理者如何

第2章 [计划到位]

对待"自己走的棋子",对员工来说是十分敏感的。"棋子"之所以敢"自己走",是因为员工对管理者有充分的信任和肯定。只有管理者有开明的作风,能够听取员工的意见和建议,员工才有向管理者提出建议的勇气。当员工向你提出建议时,作为管理者,不管他们提的建议是不是对企业的发展有帮助,都应该向他们表示真诚的感谢。管理者这样做是对这些提建议的员工的一种鼓舞,即使他们的建议没有被采纳,他们的积极性也不会受到影响。特别是在员工的建议不便于企业立即采用时,管理者更应该慎重对待。如果只是不声不响地将员工的建议置于一边,员工在管理者的最终决策里找不到自己提出的建议的影子时,就会感到被愚弄和欺骗了,从而产生消极对抗的情绪。所以,管理者在面对这样的情况时,首先要感谢员工提出建议,使员工的积极性受到鼓舞;其次还要坦诚地向员工说明所提的建议不能被立即采用的原因,也可以帮助员工分析其中存在的缺陷,并给出一些指导意见。

当管理者认真对待员工的建议时,员工就会真正走出来,与自己所在的企业共同成长。因为能够得到管理者的重视和认同,会增强他们的归属感和责任意识,而且能够让他们产生强大的信心,从而激发他们的新构想、新观念。这样,员工的眼界会越来越开阔,考虑问题也会越来越周详,最后会成为独当一面的有能力的人,成为管理者的得力助手。

但是,如果员工的建议得不到重视和采纳,员工的积极性就会下降,甚至对自己失去信心,也不会再关心企业的成长,工作效率也只会越来越低。员工工作效率的下降会使整个企业的运转受到不良影响。

参与激励的根本,就在于让员工参与到企业的决策中,参与到企业的运营管理中,让他们感到自己是企业的一分子,是企业的主人,充分调动员工的主人翁精神。

参与激励法的应用包括以下各项。

1. 让员工都具有主人翁精神

许多人一提起主人翁精神就想起企业的最高决策人,仿佛只有他们才真正掌握着企业的命运。

这种思维定式严重地限制了员工成为企业主人的意愿，并将员工也排斥在企业之外，从而导致了员工与企业的对立。其实，员工大都想通过自己的辛勤劳作和聪明才智分享企业的经营成果，真正主宰自己在企业中的命运。而这种美好愿望往往会由于"经理"一词的限定而被宣告破灭，真正成为企业主人翁的权利也被无情剥夺。所以，许多员工在工作中不会自发、自觉地创造性地劳动。

这种思维的无形限定在世界著名的美国联合航空的员工身上被完全冲破了，取而代之的是一种"人人都是企业主人"的现象。

在联合航空公司，员工从来就没有什么"人家什么都不告诉我"的感觉，因为联合航空的每一位员工都是经营战略信息流程中的一员，每个人都是主人翁。在他们的手中，你会发现许多的规划、设计与战略蓝图等构成的花花绿绿的小册子，它们不同于那些没用的流于形式的本本，而是记载了决定企业未来发展方向与运作的具体部署。在企业里，甚至是刚来的秘书都知道精密电位计是什么，这并不是因为他们的工作要求懂得这些技术，而是因为他们觉得作为一名"经理"应当成为该企业合格的一员，既然企业是"自己的"，工作是"自己的"，那么他们就理所当然地会全身心地为企业的经营实效而努力，并自觉为企业的成功承担义务。

主人翁精神是员工在工作中一种切实的体会，这种切实的体会使他们迸发出巨大的工作干劲和奉献热情。

我们每个人都生活在由符号构成的世界中，这些符号是人类创造和延续下来的，并对人们的思想意识产生着很大的影响。那些头衔，诸如经理、总裁等，也是人们用来管理世界的符号，它们在被创造的同时，也被人们定义了。但随着时代的发展、组织的演进，这种定义已经极大地限制了人们能动性的发挥，抑制了一种美好的精神萌芽，那么我们为什么不给它赋予新的含义呢？

第2章 [计划到位]

作为企业的管理者,你应该明白,企业不只是属于某个人,它是由企业的所有成员共同组成的。既然我们每个人,从经理到最底层的员工在组织中所充当的角色都是为社会提供产品或服务,并从中获取收益,那么企业中的每个人就都是运用生产资料创造物质财富的主人。此时的头衔就不是人们理解的权力的界定,而是职业与职责的描述及员工自尊心体现的地方。

现在,在许多企业内,已经废除了许多经理的头衔。例如,IBM公司同ABC软件企业合办的一家公司,从1992年6月起,废除了营业系统、管理各部门的部长、副部长、经理这些管理职务头衔,形成了全企业约250人的对等组织,其目的是废除金字塔形组织的上下序列,培养职工以自己的责任为中心来完成自己工作的"职业"意识。

在现代社会里,精明的经理会主动用愿景和事业培养手下那些员工和广大员工的主人翁精神。因为他们知道,主人翁精神并不是只说把自己当成企业的主人这么简单,而是要以一种与企业血肉相连、心灵相通、命运相系的感觉做好每一件事情,面对每一个客户,在每一个成功或者失败的经验里面,渗透出企业和个人共同的精神气质。那么,如何在企业内部培育这种精神呢?这就需要经理从下面四点入手来采取行动:

第一,总的政策由经理来制定,详细的程序由员工来决定,要给能人一定的权限和自由,特别是在目标的制定阶段。

第二,鼓励员工换位思考,培养一种人人都是"经理"的感觉,鼓励大家发表意见。

第三,通过各种看似琐碎的小事让员工切实感觉到自己是"自豪的主人"。

第四,培养企业的"家庭观念",把企业变成"温暖的大家庭",员工则自然而然地成为家庭的成员、企业的主人翁。

企业员工的主人翁精神是企业长远发展的动力。当管理者通过愿景和事业激发起手下那些员工的主人翁精神时,他们才会以身作则(在处理日常工作的事务中才敢于当家做主),进而激发广大员工的主人翁精神,大家众志成城,共同推动企业的长远发展。

2. 每个员工都是决策者

像前面提到的日本松下集团,从不对员工保守商业秘密。新员工第一天上班,松下集团就会对员工进行毫无保留的技术培训。也许有人会心存疑问,松下集团难道就不怕泄露商业机密吗?

对此,松下集团创始人松下幸之助却认为,如果为了保守商业秘密而对员工进行技术封锁,员工就会因为没掌握技术而生产出不合格的产品,从而加大企业的生产成本。这种负面影响比泄露商业机密所带来的损失更严重。在很多企业,尤其是以脑力劳动为主的企业,其生产根本无法像物质生产那样被控制,所以,信任是唯一的选择。

优秀的企业管理者必须摒弃老一套的管理方式,增强员工的积极性和创造性,不能局限于口头上的信任,而是要尽力做到让全体员工都参与到决策中来。通过参与,凝聚其心,激励其人,发挥其力。除此以外,别无良法。如果管理者真正这样做了,拥有一流的创意、强劲的竞争力和令人瞩目的企业效益,都将是指日可待的事情。

位于美国佛罗里达州劳德戈尔堡的奠托拉生产线,是用来生产收音机接收器的。由于生产的需要,每个女工要在一个印刷电路板上安装大约10个零件,然后传给下一个女工。起初女工们出于新鲜干得十分起劲。但日复一日,单调重复的工作将她们的工作热情消磨殆尽。

该公司总经理了解到这一情况后,决定亲自来管理一段时间。他的第一个举措是:让每个员工组装和检测自己的接收器,并附上一张便条:"亲爱的顾客,这台接收器是由我组装的,我感到骄傲,希望它使您满意,如果有什么地方不好的话,请通知我。"然后签上自己的名字,亲自将产品寄出。

不仅如此,每当厂里要作一项新的决策或准备推行某种改革时,总经理都积极邀请员工参与到新决策的制定中,鼓励她们各抒己见,对自己的每个想法畅所欲言……新的管理措施试行仅1个月,旷工和缺勤的现象就奇迹般地

第2章 [计划到位]

消失了。员工的抱怨声也没有了,取而代之的是高昂的士气和高效的工作业绩。面对满脸迷惑的工厂经理,总经理解释说:"新制度成功的关键就在于让员工参与,它使工人们为自己的工作感到自豪,让工人们感到自己是不可替代的而不是无足轻重的。"

所以,一个公司在作一项新的决策时,如果能不论职位高低,让员工平等地"走"进来参与决策的制定,便常常能让员工强烈地感受到企业对他的信任。参与的权利使员工感到自己受到了重视,无形中激发出他们的主人翁责任感。而当员工认为公司是"自己的",工作是"自己的"的时候,他就理所当然地会全身心投入工作中去。说白了,就是"做自己的工作总比替别人做事更有干劲!"这或许也是对"参与能激励员工"的最佳诠释。

让员工参与的激励方法虽然最经济最有效,但真正做起来却并不容易。那么,管理者究竟如何实施员工参与措施,让员工的热情水涨船高呢?

在通用电气公司,韦尔奇要求公司定期召开一个为期3天的研讨会,地点设在会议中心或者饭店。公司的管理人员负责组织一个研讨团。研讨团的成员来自于公司的各个阶层。每个研讨团的组成人数多在40~100名。会议开始第一天,由一位经理拟定一个大体的活动日程,然后自行退出。下一步是将参加研讨的员工再分成5~7个小组,每组由1名会议协调员带队。每组选定一个日程,然后开始为期一天半的研讨。在第三天,原先那位经理重新回到研讨会,听取每位代表的发言。在听完建议后,这位经理只能作出三种选择,即:当场同意、当场否决或者进一步询问情况。研讨会操作时间不长,就出现了良好的激励效果。通用电气公司的每个员工都在积极挖掘、释放自身的潜在能量,以百倍的热情努力地做好工作。

通用电气公司的一位高级主管曾无比兴奋地说:"我实在想不出,还有什么能比参与更能提高员工的士气。"

在对员工进行激励时,让他们参与进来,这本身就是对他们的一种认可,他们会因为自己的参与而更加努力地工作,这种激励方式会让管理者的激励时效更长久。

3. 一日厂长制

通用电气公司有一种别出心裁的员工参与式管理方法,这就是"一日厂长"制,每位员工都要写一份"施政报告"。自1983年起,每周星期三就由普通员工轮流当一天厂长。在这一天里,"一日厂长"和真正的厂长工作内容是相同的：9:00上班,先听取各部门主管汇报,对全厂的营运情况进行全面了解,然后陪同厂长巡视各个部门和车间。在"一日厂长"的工作日记中,详细记载其工作意见。而各部门、各车间的主管都要依据这些意见随时改进自己的工作,并且在干部会上提交改进后的成果报告并获得通过。各部门、员工提出的报告,先由"一日厂长"签字批准再呈报厂长。"一日厂长"还可向厂长提出自己的意见作为厂长决策的参考。

这样的管理制度为通用电气公司带来了显著的成效,大大节约了生产成本。

4. 本田公司的参与激励

本田公司把员工参与看做是企业管理中很重要的一部分。本田公司的管理者认为：如今的汽车绝不是十全十美的,有若干地方有待改进,有些改良点还没有人发现。只有时时刻刻这样考虑,才能开发出风格独特的汽车。管理者的工作不过是为技术人员提供能够如此思考的机会。如果管理者能够帮助技术人员成功,也就是在帮助企业成功。

在本田公司,开发工作有十分灵活的特点。新车开发研究所绝不强求员工"必须如此",也不会严格按照既定方案执行,而是鼓励每个员工随意发表对车辆开发的所有疑问,并充分讨论这些疑问。日本政府曾经颁布过控制车辆废气的排放标准,为了使摩托车的废气排放降下来,通过新的标准,本田公司的技术人员认为水冷才能达到目标,而本田公司的创建者本田宗一郎则坚持气冷方式。在公司内部经过了激烈的辩论和多次试验之后,本田宗一郎放弃了自己的观点,而采用了技术人员的建议,采用水冷方式。这样,本田公司创造出了具有划时代意义的低公害引擎CVCC。在本田公司管理者的积极鼓励下，本田公司的员工不但能够成为"自己走的棋子"，而且为本田公司带来了极大的经济效益。

正是由于本田公司营造出了员工自由参与管理的氛围，才使得本田公司人才层出不穷，企业永葆生机。

5. 福特公司的全员参与制度

美国福特公司在员工管理上提倡"全员参与制度"，它赋予员工参与决策的权利，进而缩短员工与管理者的距离。员工的独立性和自主性得到尊重和发挥，积极性也随之提高。公司每年都要制订一个全年的"员工参与计划"，动员员工参与企业管理并向他们说明整体工作的计划和情况。此举引发了员工对企业的"知遇之恩"，员工的投入感、合作性不断提高，合理化建议越来越多，生产成本大大减少。

6. 让员工产生认同感

美国一位名叫莫丽·瑞珀特的教授曾做过一项有关员工参与战略规划的研究，这项研究是在美国的一个物流公司总部及其分支机构中进行的。该公司的所有全职员工都参与了调查，其中有81%的人完成了调查内容。对调查结果，瑞珀特教授分成两组，分别被称作参与组和限制组。参与组的特点是战略远景清晰，在制定战略决策时员工参与度高，战略决策被员工高度认同等；而限制组的特点是战略远景不明确，战略决策制定过程中员工参与度低，战略决策缺乏认同等。瑞珀特教授总结道："工作满意度和组织参与度与企业的参与性文化密切相关，参与度高的那一组显示，对战略决策的认同性是工作满意度的最重要因素，而对战略决策的参与性是组织参与度的最重要因素。"

7. 让员工亲身体验

德国有一家剃刀公司鼓励员工在公司的实验室使用最新开发的剃刀，结果每天有300多名员工被请进实验室，让他们其中的一部分人使用本公司的产品，而另一部分人则使用对手的产品。如果员工不参与，他们就得不到各种奖金或福利。员工使用剃刀，就要回答有关质量和造型设计等方面的问题，使用竞争对手产品的则回答另一类问题。员工的反馈意见直接送到技术部门。公司经理克劳斯特说："剃须实验是产品研发不可分割的一部分。员工希望获得成功，他们会给我们最佳、最忠诚、最精确的信息，因为他们是内行。员工加入每个项目中去，这是一种真正令人自豪的事情。"

第3章

[执行到位]

执行到位,结果才不会错位。

在执行的过程中,管理学家认为八个到位可以保证计划的贯彻执行。

 **责任到位：责任一虚位，执行必缺位**

想要执行到位，责任意识是基础。强烈的责任感和事业心是提高执行力的内在动力，只有拥有"在其位、谋其政、尽其责"的责任意识，才能尽心尽责地做好每一件工作。有责任心的人一定会努力、认真工作；一定会工作细致，富有创新精神；一定会按时、按质、按量地完成任务，解决问题；一定能主动处理好分内与分外的相关工作，无论是否有人监督都能主动出色地完成工作而不推卸责任。

2007年8月20日的《报刊文摘》报道：国家重点保护文物、安徽凤阳县明中都皇故城午门修建工程7月9日大面积倒塌，引起当地群众普遍不满："明皇故城历经百年风雨，整修城墙却因一场梅雨坍塌！"这不仅使国家数百万元投资付诸东流，也使这一宝贵文化遗产遭受损毁。

与此形成鲜明对比的是，午门西边不远，是600多年前修建的皇故城西华门，尽管已历经几百年风雨，但城墙整体仍相当完好。

为什么一边是历经600年而风雨不倒，另一边却是刚刚建成就已倒塌？按理说，现在的建筑技术、材料远远超过600年前，但质量为什么反而不如以前？

答案只有一个：责任一缺位，执行必缺位；执行要到位，责任先到位。

在南京一面建于明朝的古城墙上，有一位细心的游客发现了一个非常特别的现象：每一块砖上，都标有名字。后来经导游介绍才知道，这面城墙建

第3章 [执行到位]

于明太祖朱元璋时期,砖上的名字就是负责砌城墙的工匠的名字。几百年过去了,城墙还保存得非常完好,恢宏的气势、坚固的墙体,依旧可以让人感受到当年工匠砌墙时的用心。

当责任已经刻入了每一块砖里,执行就不可能不到位,墙体就一定能坚固,就绝不会出现"豆腐渣"工程。

在古城墙砖上刻下名字的做法,确实值得我们借鉴和学习。不仅重大的工程要责任到位,工作中每件事都要责任到位。

令人遗憾的是,现实生活中的情形并不能乐观。

有一个人给一位企业老板发送电子邀请函,连发几次都被退回,向那位老板的秘书查询时,秘书说邮箱满了。可4天过去了,还是发不过去,再去问,那位秘书还是说邮箱是满的。试想,不知这4天之内该有多少邮件遭到了被退回的厄运?而这众多被退回的邮件当中谁敢说没有重要的内容?如果那位秘书能考虑这一点,恐怕就不会让邮箱一直满着。作为秘书,每日查看、清理邮箱,是最起码的职责,而这位秘书显然责任心不够。

人们还经常见到这样的员工:电话铃声持续地响起,他仍慢条斯理地处理着自己的事,根本充耳不闻。一屋子人在聊天,投诉的电话铃声此起彼伏,可就是不接听。问之,他则回答:"还没到上班时间。"其实,离上班时间仅差一两分钟,他就看着表不接。有些客户服务部门的员工讲述自己部门的秘密:"下午5点下班得赶紧跑,不然慢了,遇到顾客投诉就麻烦了——耽误回家。即使有电话也不要轻易接,接了就很可能成了烫手的山芋。"

这些问题看起来是小事,但恰恰反映了员工的责任心。而正是这些体现员工责任心的细小之事,却关系着企业的信誉、信用、效益、发展,甚至生存。那么,员工为什么会缺乏责任心呢?

首先是管理者不知道该如何体现和增强员工的责任心。这是经验少、智慧不够、思维能力不足的表现。

其次是企业的管理者思想懈怠或疏于管理监督,员工自然跟着懈怠。领导懈怠一,员工能松懈十。

再次是源于人的懒惰天性。企业的规章制度原本执行得很好,可时间一长自然懈怠,思想上一放松,责任心就减弱,行为上自然就松懈,体现在日常的工作中就是执行力下降,很多问题均由此而生。

责任心体现在三个阶段:一是执行之前;二是执行的过程中;三是执行后出了问题时。怎样提升责任心呢?第一阶段,执行之前要想到后果。第二阶段,要尽可能引导事物向好的方向发展,防止坏的结果出现。第三阶段,出了问题敢于承担责任。勇于承担责任和积极承担责任不仅是一个人的勇气问题,而且也标志着一个人是否自信,是否光明磊落,是否恐惧未来。

员工勇于承担责任是一种美德,一种勇气,是无私无畏的表现,更容易赢得领导的尊重,成为同事行为的楷模和样板。员工如有能力以一种负责的、职业的、考虑周全的方式行事,对企业来说是一种竞争优势,对于个人而言是一笔财富,是提高执行能力的最佳途径。

勇于承担责任不是大家心中所想的那样,好像自己要付出多大的代价。在企业里主动承担责任只会给自己带来好处,虽然有时候会牺牲自己的利益。此外,勇于承担责任是每一名员工的职责所在,是义不容辞的事。

责任不到位的执行,就像一盘散沙,散掉的不仅是执行的效果,而且还会散掉人心,造就一支松松垮垮的团队。

那么,如何才能让责任不缺位?

第一,明白"所有人都有责任,实际上就是所有人都没有责任"。执行中最怕说"这是你们所有人共同的责任"。所有人都负责,结果往往是所有人都负不起责任:有了问题你指望我、我指望你,结果是谁都不去解决;出了问题则互相推诿。

第二,明确"这就是你的责任"。将执行的责任分解到每个人,明确告

第3章 [执行到位]

诉执行者执行的范围和标准，哪一点、哪一个环节出了问题，那么"就是你的责任"。

第三，出了差错，一定要有相应的惩罚措施。尽管南京明故都古城墙的砖上只标出了工匠的名字，但毫无疑问，这背后必然跟着相应的惩罚措施，哪块砖出了问题，都能查到相应的责任人，进行相应的处罚。责任细到了每块砖上，谁敢掉以轻心。

如果有了上面这三点作保证，那么，责任就必然到位，执行就不再缺位。

纪律到位：有令则行，执行制度没有借口

铁的纪律是团队全体成员行为保持一致的前提和基础。实际上，任何组织都一样，要使组织成员能够具有统一的行为，必须做到"师出有律"，这样才能让"许多人"有序高效地沿着目标前进，实现团队力量大于这些人力量总和的质的飞跃。

一个企业的成功，绝不仅仅取决于严密的制度管理，更取决于全体员工的参与意识和自主管理水平。许多著名企业适应时代的要求，采用了由"制度管理"向"自主管理"转化的现代管理方法，逐步实现由制度约束下的"要我干"向高度自觉的"我要干"的转变。

微软公司从创立开始就非常强调"纪律"，处处都有清楚的规定，每天早上的上班制度，就是最好的例证。每天上班时间从早上8：00整开始，8：05以后才报到的就要在"英雄榜"上签名，背负迟到的"罪名"，即使你前天晚上加班到半夜，第二天上班时间仍是早上8：00。这和20世纪70年代嬉皮盛行、个人享乐主义凌驾一切的美国，有些背道而驰，可是却延续至今，始终如一。

公司总裁盖茨是推行纪律管理的最大功臣，他本人严守纪律的个性，也经常博得别人的赞扬。他和别人约会，从不迟到。除了准时之外，他的耐力和意志力也令人震惊，一旦决定要做什么，他必定排除万难，全力以赴，不看到最后结果绝不罢休。盖茨严格强悍的作风，使整个公司的管理纪律严明，从制造、工程、财务部门，甚至到行销部门，每件事情都有清楚的规范，甚至连公司留言都分为不同等级，人人都以此标准而行。许多公司重视人性管理，以重视员工为口号，只有盖茨强调纪律胜于一切，这种注重公司自主管理的经验和方法，使微软公司的企业文化独树一帜。

由此可见，企业管理制度体现的是一种秩序、一种纪律。为什么秩序、纪律对企业那么重要呢？

举例来说，有一家工厂，其存放钢锭的院子里的物资堆放得很好，甚至排列整齐、很清洁，给人一种井然有序的印象。再仔细看时，可以发现，同一堆物资包括五六种制作不同产品的钢材，所有钢材混杂在一起。无效的操作，既浪费时间，又存在出现错误的危险，因为每件物品都不在它的位置上。

相反，也有这样的事情，表面看起来混乱而实际上是有秩序的。比如，有一堆按总经理意愿放得散乱的文件，一位好心但不懂行的助理把文件进行整理并堆放得齐齐整整，而总经理却很难再利用这些文件了。

完善的秩序包括正确选择的位置，表面秩序仅仅是真正秩序的一个虚假的或不完整的表象。清洁是有秩序的必然结果，肮脏是没有被指定的位置的结果。

一张显示划分为许多由雇员专门负责的部门的整体结构图非常有助于建立和控制秩序。因为要在企业中建立起社会秩序，必须做到每一名雇员都有

第3章 [执行到位]

一个指定位置,并且每一名雇员都在他的指定位置上。完善的秩序还要求位置适合于雇员,雇员也适合于位置。正如英国的格言所说:"合适的人处于合适的位置上。"

一个善于协作、富有战斗力和进取心的团队,必定是一个有纪律的团队。同样,一个积极主动、忠诚敬业的员工,也必定是一个具有强烈纪律观念的员工。可以说,纪律永远是忠诚、敬业、创造力和团队精神的基础。对企业而言,没有纪律,便没有了一切。

一位父亲以水只有放在杯子里,受到杯子的约束才可能被人喝到为例,告诉儿子:人只有通过自我约束才能获得成功。

德谟克利特曾说:"和自己的心斗争是很难堪的,但这种胜利则标志着这个人是一个深思熟虑的人。"这句话正是对"自我管理""自我约束"的一种肯定。

一个员工,如果能够做到自我约束和管理,自觉遵守公司的纪律,那他就是一名合格的员工。拥有这样员工的团队,才能保证自己的战斗力。

有一位企业培训师经常问周围的人这样一个问题:"每天早上起床是为了什么?"最常听到的答案总是一个样:"我必须起床,我得……"这是推卸责任的一种回答。它是说,如果一个人想要谋生并照顾自己和家人,就必须要起床。事实上,大部分人早上并不是非起床不可。如果他们决定就这么躺下去,无论生活还是世界都不会因此翻天覆地。或许他或她的工作会有些耽搁,第二天必须加紧补上;会议可能错过,约会得重新安排,但依然不会有什么大事发生。"我必须"并非起床的强制理由。

第二个最普遍的回答很诙谐,然而饶有意味:"因为我要上厕所。"这个答案是否能让你更了解自己的同事?你问:"为什么你今天早上到办公室来?"同事:"嗯,我6:30起床上厕所,然后想反正也起来了,索性来公司瞧瞧。"看起来,很多人的驱动力来自压力,而不是真正的自律。

我们没有想到,我们固然是踩着时间的尾巴准时上下班的,可是,我们的工作很可能是死气沉沉的、被动的，像这样的遵守，怎么可能在工作上有更大的贡献和突破。我们所说的遵守纪律，不仅仅是在行动上不违反公司的规章制度，光做到这点远远不够，遵守是一种发自内心的对纪律的重视。

员工对纪律的遵守应该是自觉的、发自内心的，不应该是由来自外界的约束力驱使的。

对于自我管理的问题，诙谐作家杰克森·布朗曾经有过一个有趣的比喻："缺少自我管理的才华，就好像穿上溜冰鞋的八爪鱼。眼看动作不断，可是却搞不清楚到底是往前、往后，还是原地打转。"如果你知道自己有几分才华，而且工作量实在不少，却又看不见太多成果，那么你很可能缺少自我管理的能力。

有一位电器公司的销售主管，他一直保持着将文档做得很工整的习惯，无论当时他有多忙，甚至在周末也不例外，这个习惯让他受益匪浅，他很清楚所要完成工作的时间表和要采取何种方式去做。在他的个人电脑里，他会跟踪每件事，从而确保不仅按时完成自己的任务和落实各项细节，而且兼顾顾客和同事。如果他们没有承诺及时和他联系，他就会给他们发电子邮件。事实上，有一天，一个人告诉这位主管："我还不如主动跟你联系，因为我知道你如果听不到我的消息，一定会在我的语音信箱里留言的"。

这位销售主管如此辛苦地跟踪每件事，以确保工作质量，倒不如把这些时间用来培养员工的自我管理意识，把外在的约束力转化成内在的自我管理和自我约束。源于自我的力量才是长久的和可靠的，才能永远保持它的战斗力。

全球"IT代工之王"郭台铭曾说："走出实验室，没有高科技，只有执行的纪律。"意思是说，除了那些基础实验室的研发人员，其他像做主板和笔记本电脑的研发人员也要靠严格的纪律来管理。正是要求员工必须执行这些纪律，郭台铭才能把企业越做越大，创造出更多的价值，后来成为台湾的首富。

第3章 [执行到位]

当你具有强烈的纪律意识，在不允许妥协的地方绝不妥协，在不需要借口时绝不找任何借口，如质量问题、对工作的态度等，你会猛然发现，工作因此会有一个崭新的局面。

对企业和员工而言，遵守纪律、敬业、服从、协作等精神永远都比任何东西重要。这些品质不是员工与生俱来的，没有哪个员工从一开始就是严格遵守纪律的，也不会有天生就不找任何借口的好员工。

"纪律"的英文单词是discipline，这个单词还有一个意思是训练。可以这么说，好的纪律可以训练员工良好的工作习惯和个人修养，而当一名员工已经具有了过人的自制力和明辨是非的判断能力的时候，纪律对于他个人来说，可以被视为是不存在的。纪律的真正目的正是在于鼓励员工达到既定的工作标准。

一个良好的纪律政策可以用"烫炉原则"来形容。换言之，可用与烫炉有关的四个名词来形容纪律准则：

- 预先警告原则。如果炉子是滚烫的，任何人都会清楚地看到并认识到，一旦碰上会被烫着。
- 即时原则。如果你敢以身试法，将手放在火红的烫炉上，你立即就会被烫——即被惩罚。
- 一致性原则。简单地说，就是你每次傻乎乎地用手触摸烫炉肯定都会被烫着，不会有一次例外。这样的纪律政策应该是很严密的。
- 公正原则。即任何人，不论男女，不论你的地位有多高，名声有多么显赫，只要你用手触摸烫炉，一定会被烫着。烫炉既不会见风使舵，也不会因人而异。

管理者应该把纪律视为一种培训形式。那些遵守纪律的人理应受到表扬、提升；而那些违反了纪律或达不到工作标准的人理应受到惩罚。要让他们清楚自己的行为是错误的，并且认识到正确的表现和行为应该是怎样的。

# 流程到位：执行环环相扣，与制度完美对接

无论干什么事，无论在生活、休闲还是工作中，都有一个"先做什么、接着做什么、最后做什么"的先后顺序，这就是我们生活中的流程，只是我们没有用"流程"这个词汇来表达而已。

除了"先做什么、接着做什么、最后做什么"的先后顺序外，还经常说某人能办事，某人善于做事，能办事、善于做事是说他们做事情有方法，比别人做得更有效果，到底有哪些不同呢？可能是先后顺序不同，也可能是做事的内容不同。

因此，流程就是做事方法，它不仅包括先后顺序，还包括做事的内容。

同时，我们做任何事情都需要资源投入，都需要借助资源的效用，包括资金、信息、精力、人员、技术等，因此对投入的资源也要善加管理，否则也难以成事。

任何组织或者个人，要想执行到位，就必须重视流程的作用。如果没有制定出可行的流程，执行工作就无法到位。很多工作执行不到位，就是因为不按照流程办事造成的。

微软中国研究开发中心一位部门经理曾经对媒体举了个例子。有一次，他乘坐的飞机在深圳机场出了故障，乘客被告知这个航班将换一架正从外地赶来的飞机，可此时乘务员已经超时飞行了。怎么处理这个"超时"？深圳方面做不了主，便频频请示北京航空总局，时间被一拖再拖，机场

一片混乱。这位在美国工作了10年的经理评价说:"这明显是缺乏办事流程。"乘务员超时飞行是个老问题,在国外,这类事早写到规章制度里了,"一二三四五,照着条文上写的办就是了,不管谁当班都能处理"。我国这里却是"乘客和航空公司都急得团团转"。

其实,用不着在美国待10年,只要与西方企业打几次交道,对他们那种"按流程办事"的做法就会有所体验。这种体验有时还相当强烈,因为对方的某些做法所表现出来的"流程意识",几乎到了刻板的程度。一个会议日程表,能把从起床到就寝的所有时间段安排得滴水不漏,连早上有"电话叫醒",10分钟休息在哪儿活动这样的细节都打印在表格上,而且执行起来绝不走样。

有人会不以为然,认为按照流程的条条框框做,是自找麻烦,把一件简单的事情做复杂了。那么大家有没有想过,这些条条框框是如何来的呢?难道制定流程的人,是为了给大家制造麻烦才这样要求的吗?举一个交通上的例子,交通法规有两个非常明确的规定:严禁超载和疲劳驾驶。这两条规定从何而来?事实上是从历年的重大交通事故调查数据中总结出来的。

即使是已经执行了多年,现在打开电视和报纸,仍然经常看到由此原因导致的交通事故,且不说造成的经济损失,就是人员伤亡,让亲友如何承受?交通法规的规定事关人命,所以需要人人严格遵守;而工作流程事关工作开展,这是组织的灵魂,所以也需要人人遵守。如果编制的流程在某些地方确实不合理,它也不是一成不变的,而是可以按照适当的程序进行改进的。但是在改进的版本未发布之前,就要按照原有的要求执行,而不能以其需要改进为由不操作,否则不就是有法不依了吗?这叫作尊重流程。

还有人说,流程是把人僵化了,但是实际上不是流程僵化了人,而是人在理解流程时把自己僵化了。理解了流程产生的背景,还要理解流程要求的每一步为什么要这样做,而不是那样做,这就要充分了解流程的目的。

原因就在于我们大部分人,执行观念不强,不尊重流程。即使人人理解了流程的内涵，也不能保障每个人都这样做。

事实上，设定流程的最终目的是为了提高工作效率，提高管理水平，从而节约管理成本。

建立流程有以下几点好处：

（1）使得工作有序进行，不致杂乱。

（2）在工作出现错误时可及时分析出是哪个环节发生了问题。

（3）由于每个流程中的节点都有相应的责任人，所以很容易就可以找到相应的责任人。

（4）在员工进行流动时，不至于因员工的流动而使得工作进度缓慢。

（5）可实现"傻子工程"，因为有了很详细的流程，所以新员工在入职以后，只要认识汉字，按照流程操作就没有问题了。

"按流程办事"作为系统封闭的一整套管理制度，更意味着企业运行的基本环节被控制在一种"秩序"之中。一个被"过来人"重复了千百遍的经验是：企业起家时靠冲劲靠灵气，成熟后靠规范靠制度。说起缘由，最常见的解释是企业规模的变化导致管理模式的变化。创业阶段只有十几个人、七八支枪，老板不过是个班排长的角色，指挥起来得心应手；待发展到成百上千人，攒下成千万上亿元的家私，企业运行的复杂性就超出老板个人的控制力了。这只是一个道理。还有一个也许是更重要的道理——企业运行由创业时的"非常态"进入了"常态"。对于企业家来说，区分企业运行的这两种状态是非常重要的。处置非常态的事件要靠风险决策，而处置常态事件则可借助于他人或自己以往的经验。这些经验用"文本"固定下来，就成了企业的流程了。

但问题也随之出现，企业内部流程过于繁琐和复杂往往成为高效执行的主要障碍，有时一个文件需要各个部门逐层审批，每个部门处理的时间只需要5分钟，但是在传递过程中耽误的时间却长达五六天，这不仅影响到执行者的耐性和执行结果，还会影响到企业的竞争力。

第3章 [执行到位]

有一个例子很能说明问题。美国的办公设备生产巨头施乐公司一手创造并垄断了自动办公设备产业多年，它曾经发明了许多包括鼠标、图形用户界面、激光打印机在内的最具革命性的技术。对于施乐公司的成就，《财富》杂志曾撰文评价说："施乐914型普通纸复印机是美国有史以来生产的利润最大的产品。"但后来这家历史悠久的老牌企业效益一度下滑，差点被日本复印机制造商所淘汰，施乐公司悲剧产生的重要原因之一就是其庞大的官僚体制使得公司内部业务流程过于繁杂，不能迅速地提供资源使其先进的技术快速转化为现实生产力，从而阻碍了新技术产品的开发，失去了一次次的市场良机。

对于施乐公司这种突变，曾经担任过施乐公司顾问、被称为"有史以来对美国营销影响最大的人"的杰克·特劳特评价说："施乐的高层认为他们是一家成功的技术公司，很可惜人们只把它看做是一个复印机公司，仅此而已。"可见，繁琐的业务流程可以导致执行效率低下，对企业造成致命性的危害。

20世纪七八十年代，美国人对流程问题重视了起来。当时美国的企业遭到了日本企业的狙击，竞争力逐渐下降。美国人就开始研究美国企业落后于日本企业的原因，结果发现本国企业的生产效率并不比日本低，技术上也不比日本企业差，产品质量上也相差无几，最后美国人发现导致两国企业出现差距的根源在于双方业务流程的不同。日本企业的业务流程较为简明，这大大缩短了将一项技术变成产品、把产品推向市场的时间。在认识到这一差距之后，美国人才真正开始重视流程问题。为了保持流程的连续性，美国企业开始打破部门之间阻碍流程运转的界限，消除不同部门各自为政的现象，简化业务流程。

反观中国企业，大多没有竞争力，执行力偏低，这在很大程度上与业务流程的繁杂有关系。业务流程繁杂问题得不到解决，即使投入再多的硬件和人力，执行力也无法得到提升。尤其对于规模迅速膨胀的大中型企业而言，由于业务量大而且内容复杂，部门也多，队伍庞大，分布广泛，同样的流程一天要重复十几次、几十次，这个环节慢一些，那个环节漏一点，到最后一个环节的时候，问题就会像"雪崩"一样，变成巨幅震荡。流程问题会影响工作效率，尽管员工天天加班，手忙脚乱，但仍是错误百出，企业的各项计划常常落空，甚至还会出现资产上的损失。一般来说，越是大型企业越容易出现流程繁琐的问题。

优化流程可根据企业的实际情况采取以下三种方式：垂直工作整合、水平工作整合和工作次序最佳化。

（1）垂直工作整合。它是指给予员工充分的信任，适当地给予员工自愿自主处理事情的权力，不必凡事都要层层汇报、层层审批而影响到问题解决的效率。这样可以锻炼员工的现场执行力，使其创造性地开展工作。

（2）水平工作整合。它是指将企业分散的资源加以集中，或将分散在不同部门间的相关工作整合成一个完整的工作交由一个部门或一个人负责，这样可以减少人员之间或部门之间沟通的时间，还可以明确工作的责任人，提高员工的责任感，避免出了问题之后互踢皮球的扯皮现象。

（3）工作次序最佳化。它是指做任何事情都是有先后顺序的，但ABC与BAC的效果肯定有所不同。这就需要利用工作步骤的调整，达到流程次序最佳化，实现提高效率和节省成本的目的。

总之，优化流程的一个重要理念就是业务判断理性化、知识化，一般业务常规化，甚至自动化、傻瓜化，从而减少执行层人员的要求，提升执行的效率。

最后补充讲一下，员工在工作中应该养成优化个人工作流程的好习惯，也就是要按照正确的步骤做事。管理学家的研究表明，依照以下步骤做事，可以获得事半功倍之效：

（1）接受工作指示或命令。一般员工做某一工作时，会接到上司的工作指示。这时候，不能只听上司所交代的，还要明确地掌握住工作目的才行，所以，员工要深思的事情有：工作目标是什么？为什么必须达到这个目标？何时达到？如何做会更好？

（2）收集有关的资料、情报。即收集与工作的计划、执行等相关的文件、资料、情报，而且对于情报的选择，要有判断。

（3）考量工作的步骤与方法。越是需要花长时间工作的事情，越需要依照工作的步骤与流程来做，这样才比较有效率。

（4）决定工作的步骤与方法。不妨从所拟订的几个方案中挑选较合理的，作决定时应该考虑到"更早、更好、更轻松、更便宜"这几项因素，再作筛选。

（5）制定行事表。

（6）实施时须留意。确实依照所计划的步骤和方法去做；很有自信地去执行；时时审核实际进度和预定计划的差距，必要时修改所制订的计划。

（7）检讨与评估。从品质、期限、成本等层面，将工作的结果和当初的计划作一比较，如果不能达到预期结果，就应该找出其原因。

（8）做完后，向上司报告结果。

像这样按步骤来完成工作，那么，执行到位就是一件很容易的事了。

标准到位：高标准、高要求，执行制度不打折扣

水温升到99℃，还不是开水，其价值有限；若再添一把火，在99℃的基础上再升高1℃，就会使水沸腾，并产生大量水蒸气来开动机器，从而获得巨大的经济效益。对很多事情来说，执行上的一点点差距，往往会导致结果上出现很大的差别。因此，高标准、高要求才是执行到位的先决条件。

《孙子兵法》中有一句话，"求其上，得其中；求其中，得其下；求其下，必败。"这句话让人联想到目标牵引——被马拉动的车只能跑在马的屁股后面，要使"车"到达预定位置，就必须给"马"设定更高的目标。这就是我们常常强调的做事要高标准、严要求。

提到严格执行，人们就想到丰田汽车公司。自从其生产方式被冠以"改变世界的机器"，几十年来，到丰田汽车公司的朝圣者始终没有间断过。从管理学者到企业家，大家从各种角度解读丰田汽车公司，按照自己的理解学习、照搬丰田汽车公司，虽然都有着不同程度的收获，但时至今日，真正读懂丰田汽车公司的人并不多。

一套体系完整、方法清晰的理论，几十年来没有能够培养出第二个丰田汽车公司，因为没有人能下得了丰田汽车公司的"笨工夫"。一套管理方法坚持了半个世纪仍然在不断改进，正是这种近乎"愚公移山"神话式的笨工夫成就了丰田汽车公司今日的地位。在汽车工业竞争如此激烈的红海市场中，丰田汽车公司能够扎扎实实地把产量做到世界第一，把利润做到超过美国三大汽车工业巨头的总和，而资产报酬率也高出行业平均值的八倍。

丰田汽车公司的经验告诉我们，基于定位的差异化优势是短暂的，真正难以模仿的是基于独特文化的做事方式。用高标准做事，在红海市场中同样能够找到"蓝海"。

不同的业务和工作内容，其标准很难一言以蔽之。概括来讲，"严、实、快、新"的四字要求可以成为普遍适用的工作标准。

首先是着眼于"严"，积极进取，增强责任意识。责任心和进取心是做好一切工作的首要条件。责任心的强弱，决定执行力度的大小；进取心的强弱，决定执行效果的好坏。因此，要提高执行力，就必须树立起强烈的责任意识和进取精神，坚决克服不思进取、得过且过的心态。把工作标准调整到最高，精神状态调整到最佳，自我要求调整到最严，认认真真、尽心尽力、不折不扣地履行自己的职责。决不消极应付、敷衍塞责、推卸责任，养成认真负责、追求卓越的良好习惯。

第3章 [执行到位]

其次要着眼于"实",脚踏实地,树立实干作风。天下大事必作于细,古今事业必成于实。虽然每个人的岗位可能平凡,分工各有不同,但只要埋头苦干、兢兢业业,就能干出一番事业。好高骛远、作风漂浮,结果终究是一事无成。因此,要提高执行力,就必须发扬严谨务实、勤勉刻苦的精神,坚决克服夸夸其谈、评头论足的毛病。真正静下心来,从小事做起,从点滴做起。一件一件抓落实,一项一项抓成效,干一件成一件,积小胜为大胜,养成脚踏实地、埋头苦干的良好习惯。

再次要着眼于"快",只争朝夕,提高办事效率。"明日复明日,明日何其多。我生待明日,万事成蹉跎。"因此,要提高执行力,就必须强化时间观念和效率意识,弘扬"立即行动、马上就办"的工作理念。坚决克服工作懒散、办事拖拉的恶习。每项工作都要立足于一个"早"字,落实一个"快"字,抓紧时机、加快节奏、提高效率。做任何事都要有效地进行时间管理,时刻把握工作进度,做到争分夺秒,赶前不赶后,养成雷厉风行、干净利落的良好习惯。

最后要着眼于"新",开拓创新,改进工作方法。只有改革,才有活力;只有创新,才有发展。面对竞争日益激烈、变化日趋迅猛的今天,创新和应变能力已成为推进企业发展的核心要素。因此,要提高执行力,就必须具备较强的改革精神和创新能力,坚决克服无所用心、生搬硬套的问题,充分发挥主观能动性,创造性地开展工作、执行指令。在日常工作中,我们要敢于突破思维定势和传统经验的束缚,进一步解放思想,不断寻求新的思路和方法,使执行的力度更大、速度更快、效果更好。养成勤于学习、善于思考的良好习惯。

总之,提升个人执行力虽不是一朝一夕之事,但只要你按照"严、实、快、新"的要求用心去管理自己与团队,你一定会成功!

# 细节到位：魔鬼藏于细节之中

"细节决定成败"是这几年企业中最流行的一句话。原因很简单，因为对今天的企业来说，大笔的资金投入进去，往往只为了赚取百分之几的利润，任何一个细节的失误，都可能将这些利润完全吞噬。换句话说，任何的一个细节执行不到位，都可能导致功亏一篑，都可能让企业遭受巨大的损失。

什么是细节化管理？细节化管理的最基本特征就是重细节、重过程、重基础、重具体、重落实、重政策，讲究专注地做好每件事，在每个细节上精益求精，力求取得最佳效果。

细节化管理的具体设计是：一要创新管理机制，推进节约集约、合理保障的细节化；二要创新管理方式，推进依法监管、严格执法的细节化；三要创新管理理念，推进维护权益、服务社会的细节化；四要创新管理手段，推进基层建设、基础管理的细节化。

从细节上强化管理。以"干好每件小事，注重每个细节"为主题，组织员工对日常工作行为进行自查、梳理，找出工作中容易忽视的问题和薄弱环节。从内部环境、办事流程等各方面查漏补缺，提出改进措施。在创新方面，推行创新工作项目细节化管理，细化每个工作步骤，分解各个环节任务，责任落实到科室和个人。

从细节上优化管理。以形成长效管理机制为目标，健全责任制、过错及

第3章 [执行到位]

投诉追究制、评价制等制度。

通过建立细节化管理的运行体系，制定全覆盖、多层级、高标准的目标体系，细化各项制度、工作流程和操作规范，以细节的精细化实现整体细节化管理，通过严格执行、监督、考核、奖惩，充分发挥员工的积极性、主动性和创造性，实现工作效率和工作业绩的最大化。

据说海尔集团出名后，每天都要接待众多参观学习者。大家认为海尔集团的管理制度相当出色，既细致又有创意，很多人边参观边写笔记，把所见到的各种制度宣传牌拼命摘抄。海尔集团创始人兼首席执行官张瑞敏知道后，叫人给每位参观者一本海尔集团的制度手册。

张瑞敏是明智的。成文和制度本来就必须公开，想防抄袭太难了，不如大度些，反而更有利于企业美誉度的提升。有完善制度的企业屡见不鲜。日益精密的制度体系，意味着企业管理层认识到了细节的重要性。但认识到细节的重要性就能使企业兴旺发达了吗？张瑞敏说，制度可以抄袭，但执行力不可以抄袭。所以很多人拿了这套制度回去，成功运用的却没有几个。

注意到细节后，还要有坚定的执行力。不可抄袭的细节执行力就是核心竞争力，它使一个企业在竞争中立于不败之地。这是一个并不缺乏雄心的年代，但缺乏对细节的注重，更缺乏对细节的执行。

利澳·克鲁尼橱柜作为一个源自意大利的知名品牌，拥有悠久而光荣的历史。这段历史就是一个细节执行的历史。借用中国一句老话，"不积跬步，无以至千里"。利澳·克鲁尼橱柜公司之路，就是坚实地踏出每一小步积累出来的。

利澳·克鲁尼橱柜公司认为，细节执行力的决定因素有以下三个方面：

一是细节执行的意愿。利澳·克鲁尼橱柜公司有一位烤漆大师傅，技术很好，但却有个不良习惯——爱穿拖鞋进烤漆房。主管知晓此事后，虽然珍视人才，却也在原则上毫不退让，最终彻底地改正了他的坏毛病。诸如此类的小细节，在利澳·克鲁尼橱柜公司的管理实践中从不妥协地执行着。细节执行的时候会有个得失问题，敢不敢于失去是一个问题。意愿越强烈，决心越大，越敢于失去旧的、错的、次要的,才能拥有新的、对的,收获主要的。

二是细节执行的能力。这是一个人才和方法的问题。利澳·克鲁尼橱柜公司始终重视管理人才的选拔和培养。选拔有细节执行力的人才,并不断培养提高他们这方面的能力;同时制定适应的制度,提炼可行的方法,交给有细节执行能力的人。比如利澳·克鲁尼橱柜公司的业务精英队伍,经常进行体验式学习,老业务员也不例外。通过角色转换扮演,发现细节上的成功和失误,锻炼驾驭细节的能力。

三是细节执行的环境。天大的意愿和能力,在一个不正确的环境中运用,都将促成可怕的错误。在怎样的一个环境中,对什么样的人执行哪些细节?这就是管理的艺术。当然改造和创造某些必要的细节执行的良好环境,本身就是高层管理人员的重要工作。

锤炼企业的细节执行力,应该成为每个企业获取核心竞争力的必由之路。企业的核心竞争力就是细节执行力。

公正到位:行动要以事实为基准导向

"公"与"私"分别指集体与个人的两种价值利益,形成矛盾关系。一般讲,每个人身上都有"公"与"私"两种欲望,关键是要看如何处理两者的关系:公私兼营是错误的,大公无私是可能的;圆满的做法是克己(私)奉公。但是由于人本身的需要层次,"公"与"私"常发生尖锐矛盾,容易出现因私而害公的现象。从某种意义上说,企业里的公私不分,是检查领导者是否称职的尺度之一。如果一名领导者混淆公私界线,必定会因私而害公,从而违背了"公私分明"的用权戒律。所以,领导者必须能够也应该做到公私分明,不能因私废公,丧失原则立场。

公私不分、假公济私或欠缺公正的领导者在下属的心目中不会具有威信。因此,切忌假公济私。公私分明是一名领导者用权的标准。唯有如此,才能正己立身,才能管好下属;否则,就会完全掉进私欲的陷阱之中不能自拔,造成毁灭性的打击。

公私分明,为自古已有的用权戒律。对一位领导者或企业主管而言,"公"与"私"是不能同时满足的,因"私"必然害"公"!因私害公的领导或主管,在下属眼中就会毫无威信可言。人一旦做了主管,自尊心就会随之提高,常常会莫名其妙地感到自己被忽视,别人一说悄悄话,或在暗中商讨事情,就会觉得很不是滋味,像某信息公司的李经理就是这样的:

"经理,请你在合同修改书上签字。"

"为什么不事先和我商量?我根本就不知道这件事。"

"可是我现在不是来告诉你了吗?"

"你早就自己决定了!可见你根本就不把我放在眼里,我不能签字了。"

像这种例子,屡见不鲜。的确,未经事先商讨,对经理而言,可能是不太礼貌。但经理也大可不必因此心怀恨意,如此阻碍工作进行,于己何利?

作为主管,"不知道"和"不了解"是自己的过错,不应责怪下属。在平时,主管就应该多做调查,听取下属报告;或巡视各部门的工作现况,以了解他们实际的工作情形。不能掌握下属行事的主管,是一个不合格的主管。同样,作为领导者,像这种因私害公的情形最好不要在自己身上出现。

作为一个现代企业的领导者,同样只有无私才能无畏!相信每个人在工作岗位上,都会对下属采取公平的态度。但是,什么是"公平"呢?领导者如何判断自己对待下属是否公平呢?作判断的要诀是无私,即不可考虑领导者自己的利益所在。

比如，分配任务。当遇到困难的工作，不要想任用之人成功完成任务后自己将得到的奖励或赞誉，也不要因为工作轻松又可获得利益，便想掠夺过来，企图自己做。这样的念头，会使下属对你的信心大减。因为你的企图很容易被下属看穿。因为不论何时，由上往下看，往往不太能知道实情。然而，由下往上看，却大致能正确地了解一切。

就企业的利益而言，领导者必须从工作的重要性、紧急性综合判断，在判断的过程中，绝不可掺杂丝毫的自我利益。从工作大局、从企业的未来发展情况而做出考虑，领导者便可以光明磊落地着手去做。但是，领导者必须妥善处理组员之间的争执。从这层意义来看，领导者是选择了艰难的道路。

一个指导下属工作的主管，是应该经常关怀弱者的。然而，付出过多的关怀有时是于事无补的。要诀是做个无私的领导者。

亲此疏彼在生活中本是很正常的事，但作为领导者，在工作中却决不允许出现这类事，否则就会公私不分，或因私而害公。

我们常常可以看到有一种人，嘴边老是嘀咕着："不管怎么说，我都无法对那人产生好感！"或认定自己与某一类型的人命理相克。所谓的"阴阳五行之说"，也就是应这种人的心理作祟所产生的。他们认为申时与寅时出生的人，容易感情冲动，个性也较固执，假如运气不好，碰到这样的上司，只有自认倒霉了。因为你无法永远躲避这些人，也不能任意表达你的好恶，唯一的办法，只有使他能够尽量与你站在同一立场。

人，说起来也是不可思议的存在。一个谨慎的人，交朋友的时候会相当地小心，可是树立敌人的时候，却不一定如此。只要脱口而出："我实在讨厌那个人"。很快地，这句话便会传到别人的耳朵里，就会增添许多不必要的麻烦。

这些人都是心理不成熟的人，他们喜欢凭自己的直觉印象来判断别人的好坏，反而弄得自己精神不愉快。人们都喜欢跟自己所喜欢的人一起工作，不过在现在的社会，你可能必须跟你所讨厌的人在同一个机构做事。只有能够不随便划分哪些是你喜欢的人，哪些是你讨厌的人，才能与每个同事愉快地共事。

第3章 [执行到位]

领导者不仅需要有多种才华，而且要关怀下属，做到公平对待下属。领导者关怀下属，可增加其归属感；但是过分关怀，则是感情用事。比如，因为同情一位家属生病的下属，而将其工作量转移给其他下属；前者得到了关怀，而对于后者极不公平，影响了后者的工作情绪。

此外，有些领导者以为听下属细述不快的事可以使他们宣泄情绪，但是又不懂得控制局面，反而使对方越说越不安。有时候，下属因家庭有问题而显得脾气暴躁，作为上司在聆听其倾诉后作出适当的安慰就已足够，千万不要因此在行动上作出迁就，使对方得寸进尺；否则，他会漠视你领导者的身份，忽视你指令的工作，以为自己有了一道"免死金牌"，可以"奉旨"拖延。

在私人时间，领导者和下属之间可以存在友情，但在工作上，领导者必须公私分明，一视同仁。

切记，亲此疏彼不可取，一碗水端平才能给予下属平衡和关怀。

沟通到位：不沟通，执行就是放空炮

企业管理中的工作无外乎员工彼此间的交流，这大约占全部工作时间的60%以上。可见，一个企业中如果员工缺乏有效的交流，将会造成很大的障碍。作为领导，应该掌握有效的员工交流沟通方式，解除员工之间的沟通障碍，对员工的冲突进行管理。

沟通是领导的重要活动内容和组成部分，有效沟通可以起到以下几点作用：

- 使组织成员感到自己是组织的一员。
- 激励成员的动机,使成员为组织目标奋斗。
- 提供反馈意见。
- 保持和谐的劳资关系。
- 提高士气,建立团队协作精神。
- 鼓励成员积极参与决策。
- 通过了解整个组织目标,改善自己的工作绩效。
- 提高产品质量和组织战斗力。
- 保证领导者倾听群众意见,并及时给予答复。

日本的成功管理经验最主要的特点就是注意沟通。如职工参与决策过程、质量控制,领导者与员工在一个敞开的办公室一起办公,所有各级员工工作后的社交活动以及领导与被领导之间不强调地位、身份等,都是为更好地促进沟通的具体表现。日本的管理经验证明,只有通过各种公开的沟通渠道,使员工获得所有信息,然后大家一起决策,这样的组织活动才能有效率和效益。日本企业的经理们认为,尽管沟通有时花去一些时间,但这种沟通上的投资可以调动人的积极性,使每个人都能尽最大的努力为组织群体服务。

美国一些大公司已建立各种沟通渠道和网络,使职工与领导之间、职工与职工之间进行广泛的沟通,有的甚至采取公司与顾客之间进行沟通的方法以满足他们的需要,预见他们的要求。美国国际商用机器公司就是保持与用户经常的沟通,了解世界市场信息,从而提供最佳服务,独步全球。

所有领导工作都需要自上而下的或自下而上的有效沟通,只有有效的沟通,上下级之间、同事之间才能有理解、和谐的气氛,才能将所有人的积极性调动起来,为组织的总目标服务。

个体沟通定义为"思想、感情及态度的语言性和(或)非语言性会产生反应的传送与接收"。领导者在解决要依赖于语言性和非语言性的个体沟通来处理的任务上耗费了大量的工作时间。个体沟通效率对于促进整个组织的

第3章 [执行到位]

成功极为重要，而且所有个体都可以从提高这些技能中受益。

沟通是两个或两个以上的人或群体之间传递信息、交流信息、加强理解的过程。这种社会性的沟通，其特点在于每个参与者都是积极的、主动的主体，沟通的目的在于相互影响、改善行为。有效的沟通过程须具备以下条件：

（1）沟通双方对所沟通的信息具有一致理解，除了信息交流外，还进行思想、感情、意见等方面的交流。

（2）信息反馈及时。

（3）沟通渠道适宜。

（4）有一定的沟通技能和沟通愿望。

沟通发生于当一些人发出和接受信息，努力使自己的或别人的头脑中产生出意义的时候。两个人或更多的人之间的准确沟通，只发生在双方分享经验、感知、思想、事实或感情的时候。准确的个体沟通，并不需要双方意见一致，劳资双方的代表在谈判一项新合同的时候，可能意见很不一致，但是只要这些对立的观点是按照原来打算表达的含义被传送、接收和理解了，就能产生准确的个体沟通。

沟通的基本方法有四种：书面、口头、非语言、电子媒介沟通。这四种方法经常是同时交错在一起使用的。选择哪一种沟通方法，一般取决于接受信息者是否当时在同一地点、信息的紧急程度、信息的秘密程度、传递方式的价格费用等。

1. 书面沟通

书面沟通是指借助于书面语言进行的沟通，如书信、备忘录、报告、布告、通知、工作手册、报表和组织的定期刊物等。

书面沟通的优点有二：一是信息可以长期保存，对一时分辨不清的信息可做反复研究。比如，信息内容发生问题时，还可以参考留存的文件。在复杂或较冗长的沟通场合尤其显出书面沟通的重要性。除了发表正式讲演等少数情况外，书面沟通对语言文字的依赖性较强，往往需要更全面、较合逻辑并且清晰的表达方式。书面沟通的效果受文字修养的影响很大。

书面沟通的缺点是要花费很多时间,如口头表达需要10~15分钟,而书面方式也许要花1个小时才能将这些信息写下来。此外,书面沟通的反馈慢,如寄一份备忘录给某人,不一定此人能理解备忘录内容的原意。即使其理解,书面答复也很缓慢。

2. 口头沟通

口头沟通是指借助于口语进行的沟通,如演讲、讨论、谈话,以及非正式的悄悄话和谣传等。

口头沟通的好优点是比较灵活、速度快,双方可以自由交换意见。口述的信息能够在短时间内传送出去并被接受。如果接受者不能很清楚地理解这一信息内容,传送者能及时发现并纠正。

口头沟通的缺点是信息保留时间较短,其使用也有一定的局限性,尤其是信息需要通过许多人来传达时,信息传达可能被歪曲走样。

3. 非语言沟通

人类进行沟通活动最重要的工具当然是语言,但是沟通的工具决不仅限于语言,如,借助某些无声语言来达到沟通的目的。非语言沟通包括手势语、时间、颜色等。

(1)手势语。手势语是人们进行非语言沟通的一种工具。比如,中国人竖起大拇指是表示称赞某人,或赞赏某物,或笼统表示赞同或好的意思。而在美国,常常有人站在公路边,举手竖起拇指,拇指朝着他要去的方向摆动,意思是希望搭便车。这个动作就是说:"我要到……去,是否可以让我搭便车?"这些手势语,如不经解释,往往为其他民族的人所不理解,以致造成某些误会。

(2)时间。由于民族之间的文化不同,人们对时间的概念也有所不同。比如,在美国,人们非常讲究时间观念,他们不管工作、约会、上课、吃饭、看戏还是开会,都很讲究准时。人们的生活节奏是快速的,时间观念是极受重视的。比如,对于约会,人们总是事先预约,讲好约会的起始时间和持续时间。

(3)颜色。由于人们在日常生活中经常与颜色接触,所以很多时候把它们用来代表颜色以外的东西。因此,人们在沟通过程中,应注意颜色这类非语言沟通。比如在我国,人们用红颜色的纸做包装送礼,表示吉利;而在其他国家红色有其他含义,如在美国,人们用红墨水记账表示赤字。所以商界人士最怕红字,因为商界里的赤字、负债都是用"红"来书写的。

4. 电子媒介沟通

在当今科技发达的时代,人们利用许多复杂的电子媒介来进行沟通。除了传统的电子媒介如电话及公共通信系统外,人们还可以通过手机、网络等方式进行有效的沟通。

沟通可以有很多形式,不同的环境下尽量用不同的沟通方法。

1. 全方位、多途径的沟通

沟通的特点和用途在优秀公司中的表现与其在一般同业中的表现明显不同。优秀公司是信息和开放式沟通联络的一张庞大网络。其模式和密度,使员工彼此间沟通和联络的特权得以发展。系统内混乱的财产之所以能得到很好的管理,正是沟通的规律性和特性的反映。

优秀公司非常注重无拘束的非正式沟通。比如,迪斯尼公司的每名员工都佩戴一个写着自己名字的标签;惠普公司也非常注重员工的名字,此外还实行"门户开放政策";拥有35万名员工的IBM公司绞尽脑汁地推行"门户开放政策",受到全体雇员的推崇,该公司的董事长通过其雇员来答复顾客向他提出的所有抱怨;德尔塔航空公司也把它推行得颇具成效;在莱维·施特劳斯公司,自由沟通甚至被称为"第五种自由"。

使管理不再只是局限于办公室内,是不拘形式沟通意见的另一大创举。联合航空公司的爱德华·卡尔森称自由沟通为"有形的管理"和"走动管理",而惠普公司则认为这是"惠普方式"的重要一环。

提供精简的环境有助于自由沟通的开展。康宁玻璃公司在新盖的工程大楼内安装升降扶梯，用以增加面对面沟通的机会；著名的矿务巨头3M公司协助任何申请者组成俱乐部，以便增加午餐时间意外解决问题的机会；花旗银行把意见分歧的不同部门的职员安排在同一幢楼上班后，意见分歧便很自然地被解决了。

是什么带来了这样的效果呢？答案是：全方位、多途径的沟通。惠普公司所有的金玉良言均与加强沟通有关，即使是惠普公司的环境设备和精神信条也都更多地强调了沟通。在旧金山附近的公司里，你稍微走动一下，就会看到许多人聚在一起讨论问题。这种专案小组的会议可能都会包括研究发展、制造、工程、市场与销售部门的员工。但是有许多大公司的经理从不与顾客或销售人员谈话，也从不瞧一眼或摸一下产品。一位惠普公司的员工在谈到该公司的核心组织经验时说："我们也不清楚到底哪种组织结构最好，我们唯一明确的就是，先进行无拘无束的自由沟通，这是解决问题的关键所在，我们必须不惜任何代价来坚持！"

3M公司的信条同惠普公司的大同小异，该公司的一位主管说："我们抛开繁文缛节，与每位员工进行自由的交谈。"

以上所有的例子都可以归纳为"无拘无束自由沟通的技巧"。

2.餐桌面谈沟通法

随着企业的发展壮大，企业中的雇员会大为增加，组织机构的设置也会越来越复杂。在这种情况下，经理人颇感头痛的问题就会增多，如各职能部门之间的协调与沟通问题。随着企业规模的扩大，为了便于管理，需要设立彼此独立的各个部门。但是企业要成为一个有机的整体，部门之间的沟通就显得十分重要。而在实际管理实践中，各部门之间的沟通往往会遇到很多障碍。有一家公司找到了一种极为简便的方法来增进各部门之间的沟通，这就是"餐桌面谈沟通法"。

这家公司是西诺普提克斯通讯公司，专门生产配套计算机系统。在4年的时间

第3章 [执行到位]

内,这家公司的雇员由11人增至425人。企业的规模不断扩大,5个职能部门之间的彼此沟通就显得越来越重要。而在实际中,各部门之间的沟通存在不少的障碍。

有一次,生产部门的主管实在是难以忍受其他部门的不配合,就对组装一种新型电路耗费工时连连抱怨。这引起了公司总裁的注意。时任该公司总裁的是安德鲁·拉德威克。他为了解决这位主管的抱怨,专门请来这位主管和一位工程师,和他们一起用餐。在就餐时,让他们就如何加快组装的问题进行协商。两人的协商是很有效的。最终,他们找到了一个简单的加快组装的办法:只需更换一种更小、更便宜的部件,就能大大缩短工时。受这次用餐协商成果的启发,拉德威克想出了"餐桌面谈交通法",并认为这是解决实际问题、增进部门间沟通的非常简便的方法。

每个季度,这家公司都会在总部所在地举行一次午餐会。总部位于加利福尼亚州的蒙顿维尔。在这里,每次摆上5张餐桌,请来两个相关部门的要员共享丰盛的午餐。当然,用餐并不是目的,目的是在于让他们找出解决问题的办法,席间,都要提出一些有待解决的特定问题。针对某一特定问题,每位用餐者都要想出自己的解决办法,向大家陈述之后,用餐者就进行评价,直到找出最佳的解决办法。

"餐桌面谈沟通法"是富有成效的,这家公司已经用它解决了很多复杂的问题。

3.转悠管理沟通法

转悠管理也称漫游管理或巡回管理,是一些成功企业常采用的管理方法之一。所谓"转悠",就是领导者到基层去巡视,并在巡视中发现问题,解决问题。

企业界人士都十分重视转悠管理,坐在办公室听汇报、打电话、发布文件的企业领导者越来越少。他们把"走出办公室"作为自己的信条,不仅以身作则,常年在外巡视,而且严格要求手下的小头头们也"走出办公室",到基层去办公。

阿尔科公司的总裁鲍勃·安德森"转悠"成瘾。他一边"转悠"，一边还要检查手下人是否也在"转悠"。当他"转悠"到某地，向某一个部门打电话时，恰好该部门的头头接了电话，他马上就来了气，对这位不下去"转悠"的小头头感到失望。

有的公司还对分部经理提出许多"转悠"的具体要求，如"转悠"的次数、对手下人员了解的程度。达纳公司的负责人麦克弗森就曾干过这样一件事：有一名经理在某部门待了6年还不能全部说出手下人的姓名，麦克弗森就解雇了他。

美国联合公司董事长埃德·卡尔赫初到任时，联合公司正萎靡不振。卡尔赫刚到任，就直奔现场，向现场工作人员直率地提出许多问题，请他们做详细回答。他没有笔记本，对于调查中发现的问题，他从来就是记在废纸片上，塞进口袋里。他从不命令第一线人员干这干那或搞个什么改革，除非是事关安全的问题。他也不当场纠正他不喜欢的东西。他要依靠正常的管理程序来解决问题。从现场回到总部之后，他就立即采取行动。他有一种本事，能让整个指挥链上的各个环节都很快知道他发现了问题，并且要立即解决。然后，他就同那些在巡视中和他谈过话的一线工作人员联系，让一线人员知道公司已经在采取什么措施了。他也与下面的有关职员联系，让他们认真检查，以保证新措施的执行。

惠普公司创造了一种独特的"周游式管理法"，鼓励领导人深入基层，直接接触广大职工，为此目的，惠普公司的办公室布局采用少见的"敞开式"大房间，即全体人员都在一间敞厅中办公。各部门之间只有矮屏分隔，除少量会议室、会客室外，无论哪级领导都不设单独的办公室。同时不称职衔，即使对董事长也直呼其名。这样有利于上下左右通气，创造无拘束和合作的气氛。

各式各样的"转悠管理"都使得高层管理人员切实了解实情，切实发现各种问题和听取意见，切实采取有效措施，并更加密切上下级关系，因而能够保证企业不偏离"航线"，保证企业目标的实现。

第3章 [执行到位]

监管到位：消除腐蚀制度的"蛀虫"

韩非子是中国法家思想的代表人物，在先秦诸子时代，其《八奸》不但使人耳目一新，还令人振聋发聩。对于君主来说，同床、在旁、父兄、养殃、民萌、流行、威强、四方，是谓"八奸"。"凡此八者，人臣之所以道成奸，世主所以雍劫，失其所有也，不可不察焉。"

对于一个企业来说，形形色色的员工可能让人一时难以抓到头绪。要想员工能拧成一股绳，劲往一处使，那么企业大概至少需要认真对待以下几类"蛀虫"：

（1）业务不精的人。负责技术的，不了解最前沿的技术和发展方向；负责财务的，不明白怎样规避金融风险；负责人力资源的，不清楚员工的真正需求，无法为企业留住人才。

（2）嫉贤妒能的人。有些人自己业务能力水平有限，却一心沉迷于对有才能的员工进行污蔑、陷害，处处给人挖陷阱，让人防不胜防。如果主管领导是个明白人，尚能识破他的伎俩，一旦主管领导昏庸抑或失察，则小人便咸鱼翻身，正直、忠厚之人便没有抬头的机会。所以韩非子说："是明法术而逆主上者，不僇于吏诛，必死于私剑矣。"

有些人明明知道下属比自己强，但为了保住自己的位置，却千方百计进行压制、隐瞒，绝不让上司知道，让那些并非池中之物的人才就这样轻易地埋没了。这些人是企业"蛀虫"中最罪大恶极之辈。

（3）目光短浅的人。这种人鼠目寸光，只看到眼前利益，不为公司的整体利益着想，不为公司的长期利益着想。比如，有些人表面上为公司降低成本，降低产品质量要求以压低供货商的价格，最终导致项目延时、索赔甚至失败，从而在很大程度上伤害了公司的利益，甚至危及企业生存的根本；有些人一味地要求员工工作热情饱满，却从不给员工任何学习和提高的机会，从而导致员工跟不上公司发展的形式，最终难以有效地完成相关的业务，无形中提高了企业的成本。

（4）私活公干的人。利用公司的资源，为自己私人的业务提供便利。这些人为了降低私人业务的成本，不惜把成本和风险转嫁给所供职的企业。鲸鱼大概能带动一些小的海贝之类的附生物，然而倘若是一头嗜血的鲨鱼，则鲸鱼必死无疑。在疏于管理的公司，这种"蛀虫"其实也不少。利用公司电话煲电话粥的大有人在，以公司的车为自己办私事的也不在少数，利用公司的品牌或名声为自己谋利益者就更加不计其数了。这些人可谓是"道高一尺，魔高一丈"，想尽一切办法钻空子，可谓无孔不入。

（5）公活私干的人。有些人把公司的业务转移到与自己利益相关的单位，为自己牟私利。本来要跟公司签合同的，他却利用职务之便，想方设法地把合同转移给自己。一方面，直接导致了公司的财务损失；另一方面，又损害了公司的形象，使公司失去了客户的信任。疏于管理的领导往往被这种人迷惑，表面看来，他跟客户关系相当不错，能摆平很多事情，可是实际上，公司失去的却远远超过他所贡献的。韩非子曾说："举事有道，计其入多，其出少者，可为也。惑主不然，计其入，不计其出，出虽倍其入，不知其害，则是名得而实亡。如是者功小而害大矣。凡功者，其入多，其出少，乃可谓功。今大费无罪而少得为功，则人臣出大费而成小功，小功成而主亦有害。"

（6）推脱责任的人。这种人利益一定要争取，遇到事情，却不愿意承担任何责任；使尽浑身解数为自己找理由、找借口，恨不得把死的说成活的，

第3章 [执行到位]

把白的说成黑的，目的只有一个，即此事与自己无关。

2003年，微软公司的一个内部"蛀虫"被捕。这个名叫理查德·格雷格的员工通过微软公司内部的购买系统，低价购买并转售了价值1 700多万美元的软件，自己从中侵吞差额利润。

25岁的李方林，大学毕业后经熟人介绍到合肥一家私营企业工作。由于是熟人介绍来的，公司领导对其比较信任，让其负责为客户办理按揭贷款和保证金缴存等重要事务。工作1年后，李方林开始利用公司管理上的漏洞（公司对其没有具体的报账要求），将单位委托其存入银行的客户保证金私自取出占为己有，甚至有时候根本不把客户保证金存入保证金专用账户而直接侵吞。短短1年多的时间里，李方林侵占公司客户的保证金达32万余元。虽然李方林因职务侵占罪而受到了法律的惩处，但公司却遭受了很大的损失——32万余元的客户保证金被其挥霍一空，其家人也无力为其偿还。

"加大监管力度，深挖销售仓管用人'蛀虫'，用人坚持有德，欠经验应培养，无德有才不用，有德有才重用；拨正销售方向，杜绝急功近利短期行为，掌控市场主抓广告堆头促销，拉动买者带动卖者促进销量。"这是2008年椰树集团的春联。

由此看出，企业内部的"蛀虫"已经不是捕风捉影的事，而是实实在在摆在管理者面前的一个棘手问题。

贪婪是人性的弱点，在利益的驱动下，总有人愿意铤而走险。无独有偶，2007年全球第二大零售业巨头家乐福集团也在中国掀起了一场内部的反腐风暴。从2007年6月25日至8月1日，家乐福集团对其北京CCU及7家门店进行调查。经查，包括12名供应商在内的22名人员被北京警方传唤，其中8名家乐福经理被警方正式拘留，被拘留的原因是涉嫌收受供货商贿赂。在国内零售业，采购领域的灰色交易一直大量存在且极难根除，下至收货处的保安、收货员，上至采购员、店长，都不同程度地涉嫌灰色交易。

不同的岗位，存在不同的"蛀虫"，企业的"蛀虫"除了前面提到的仓管"蛀虫"、采购"蛀虫"外,还有财务"蛀虫"、销售"蛀虫"、用人"蛀虫"、生产"蛀虫"等。"蛀虫"的存在方式是多样的,"蛀虫"的敛财手段也日益高明。

俗话说,千里之堤,溃于蚁穴,那么企业该采取什么样的措施才能有效预防内部腐败呢?

(1)加强监督检查。监督检查是指企业对其内部控制的健全性、合理性和有效性进行监督检查与评估,是实施内部控制的重要保证。它主要包括建立持续性监督检查、专项监督检查、自我评估、改进措施等。此外,企业还要强化企业内部稽核和内部审计。提高对内部稽核和内部审计的认识,加强考核、监督、制约机制。内部审计是强化内部控制的一项基本措施,内部审计工作的职责不仅包括审核会计账目,还包括稽查、评价企业内部控制体系是否完善和企业内各组织机构执行指定职能的效率,从而保证企业的内部控制体系更加完善严密。

(2)重奖重罚制度。它贯穿企业管理的方方面面。"重奖重罚"不但会激发广大员工、科技工作者和经营管理者的工作积极性、创造性,同时也激发了员工对监督工作的热情,真正地做到了"奖到人心动,罚到人心痛"。许多案件的揭发都来自员工的举报,对举报人实施"重奖"的措施,是揪出"蛀虫"的有力手段。"重罚"在一定程度上对那些"蛀虫"也起到了震慑作用。在制度建设上,出现问题先重罚,罚出制度完善,这对于完善制度、细化管理起到了极大地促进作用。

(3)"事后追究"机制。在建筑行业,设计和施工对建筑物的责任是终身制的,"事后追究"机制有利于企业中每个人对自己的行为负责,有效地防止那些弄虚作假、欺上瞒下等行为,对于那些想捞一把的人来说是沉重的打击。

(4)"要事业,不要人情"。"工作上讲原则,生活上讲朋友。"在用人问题上,不讲人情,不讲朋友,坚持"一重用,十不用"的用人原则,把

第3章 [执行到位]

好"选人、用人、励人"三道关。针对一些特殊岗位实施特别的管理办法,如财会等关键岗位员工实行轮岗制衡;对掌握重要商业秘密或核心技术等关键岗位员工的离岗有限制性规定;对易腐关键岗位(如采购、营销等岗位)实施重点防范等措施。

"蛀虫"虽小,影响甚大,过去国企体制障碍限制了管理制度的顺利实施。随着企业的改制,企业改革不断深化,给各项制度的实施扫清了障碍,使得"蛀虫"的生存空间越来越小。但是防治"蛀虫"的工作是长期的,要常抓不懈,让"防蛀"成为一种常态,谨防"蛀虫"孳生,同时通过健全企业内部控制制度,增强企业的"防蛀"能力,让企业根深叶茂、蓬勃发展。

第4章

[检查到位]

在PDCA循环中，C（Check，检查）的环节主要包括的工作有三个方面：一是检查各项工作的实际绩效，从中发现实际绩效与目标中所包含的标准之间的偏差，然后纠正偏差；二是把检查的结果反馈给执行计划的人，以便及时调整执行过程中的行为；三是进行绩效考核，用于确定计划执行人对组织的贡献，并以此作为薪资、福利和奖励的标准等。

本章分别来讲述以上三个方面的有关内容。

# 让员工自行发展是一个误区

管理意味着干预，但无论在管理者和下属的感受里，干预都是挺别扭的一件事。很多职场人士喜欢的工作环境是"我不想干预别人，别人也不要干预我"。

理解这种心理需要的管理者会对下属说："工作要靠自觉，我可不想天天盯着你们干活儿。"或者传达一种理念："愿意干就干，不愿意干就走人，我不强迫大家干活。"

不希望通过外在的干预和控制来实现组织目标的管理者，被美国社会心理学家、管理学家麦格雷戈称为Y型管理者。

麦格雷戈在《企业中的人性面》一书中提出：每一种管理方法或管理手段，都是以一定的人性假设为基础的，你认为人是什么样的人，你就会用什么样的手段来管理他。

回想一下这样的情景：有两个部下来找你报销差旅费，其中一个人的每一张票据你都要仔细核对并问清花费的细节，甚至会暗中检查是否属实，而另一个人的票据你只检查一下数目和额度，就签字支付。请问你对这两个人的管理风格一样吗？如果不一样，那这种管理风格的差异怎么解释？

用麦格雷戈的理论解释为：在你的意识中，倾向于认为第一个人是不诚实的，第二个人是值得信赖的。由于你对两个人的人性面作了不同的假设，因此你的管理手段就随着人性假设的不同而发生变化。

麦格雷戈比较了两种典型的人性假设：经济人假设和自我实现人假设。

第4章 [检查到位]

经济人假设认为人性是这样的：① 人类趋于天生懒惰、不愿多做工作。② 人们缺乏雄心、缺乏进取心，不愿意负责任，宁愿受人领导。③ 人们关注自身利益胜过组织利益，以自我为中心而忽视组织目标。④ 人们习惯于抵制变革。⑤ 多数人是愚笨的、短视的、无创造力的、盲从的。

如果管理者信奉经济人假设的人性观，他的管理风格将会倾向于：① 只注重工作任务管理。② 采用严密的控制、监督，常常表现为强硬、打压、独裁式的管理。③ 在奖惩制度方面的主要手段是"胡萝卜加大棒"的方法。即以金钱（增加工资奖金）来刺激下属的生产积极性，用惩罚（辞退、罚款）来对付下属的消极怠工行为。④ 认为管理工作是少数管理者的事，下属只是服从指挥。

简言之，经济人假设认为人的行为在于追求自身的最大利益，人是自私自利的人。该假设信奉人性本恶、人性本懒，因此管理手段以防范人性之恶和惩罚人性之懒为根本，麦格雷戈把这套管理方法称为X理论。

自我实现人假设认为人性是这样的：① 人性本勤，无论是脑力工作还是体力工作，都像娱乐和休息一样，是人的本性；在某些条件下，工作能使人得到满足。② 人在工作当中能够自我指导和自我控制，外部控制和惩罚不是实现组织目标的唯一方法。③ 在正常情况下，人不仅会接受责任，而且能主动接受责任。④ 人对目标是否尽力，取决于达到目标后所得到的报酬，在这些报酬中，最主要的不是金钱，而是自尊需要和自我实现需要的满足。⑤ 大部分人都具有解决组织问题的想象力和创造力，但在现实工作条件下，一般人的智慧能力只是部分得到了发挥。

如果管理者信奉自我实现人假设的人性观，他的管理风格将会倾向于：① 把管理的任务重心放在创造适宜的环境与条件上，以发展人的聪明才智和创造力。② 重视员工获得知识，施展才华，通过满足员工自尊及自我实现的需要等来调动员工的积极性。③ 主张民主管理、下放权力，建立决策参与制度等，主张更多地满足人们的自尊和自我实现的需要，运用适量的激励，使员工把个人的利益与组织的利益结合起来。

简言之，自我实现人假设人认为并无好逸恶劳的天性，人只有潜力完全表现出来，只有才能充分发挥出来，才可以获得最大的满足。该假设信奉人性之善与人性之勤，因此管理手段以信任人性之善与引导人性之勤为根本，麦格雷戈把这套管理方法称为Y理论。

X理论基于人性恶而防范、基于人性懒而惩罚，展现了一种浓厚的以外部控制和外部干预为色彩的管理风格。无论是管理者还是被管理的对象，在直观感受里都会引起反感和排斥。

Y理论基于人性善而信任、基于人性勤而引导，展现了一种浓厚的心灵关怀、平等关系、相互尊重和民主观念，无论是管理者还是被管理的对象，在直观感受里都会引起共鸣和接受。

"我不想干预别人，别人也不要干预我"的观点，通过Y理论也找到了支持自己的依据。但这是错误的。

与Y理论相一致，彼得·德鲁克提出了目标管理的方法，简要步骤是：① 管理者与下属一起制定下属的工作目标。② 在实现目标之前，约定彼此的责任、权力、奖励和惩罚。③ 在目标实施的过程中及时提供目标完成情况的反馈。④ 根据目标的完成情况按约定进行奖励和惩罚。

中国20世纪50年代开始的农村联产承包责任制，后来二十几年由于客观原因遭批判禁止，1979年后才得到恢复和发展。这种农业生产制度也叫承包制，承包合同中不规定生产费用限额和产量指标，由承包者自行安排生产活动，产品除向国家缴纳农业税、向集体缴纳公共提留以外，完全归承包者所有。即"交够国家的，留够集体的，剩下的都是自己的"。联产承包责任制就是目标管理的一个具体应用。

2002年6月22日，美国总统乔治·W·布什宣布彼得·德鲁克成为当年"总统自由勋章"的获得者，获奖原因之一就是他提出的"目标管理与自我控制"思想对社会产生了持久的积极影响。

第4章 [检查到位]

目标管理与自我控制,是紧密相关的。但是自我控制排斥外在控制吗?换言之,Y理论、目标管理与自我控制,能够成为管理者不想干预员工的原因吗?

让我们来看组织目标是怎样产生的。

一个人加入一个组织——公司、政府部门或军队,意味着要接受三个前提条件:① 和别人一起工作,即与别人合作。② 接受组织的目标。③ 接受组织的行为规范。这三个条件来自组织的三要素:人群、目标和行为规范,三者缺一不可成为组织。

因此,目标管理中的目标并不是下属任意选定的,而是来自组织的特定目标,其第一步要求管理者与下属一起制定下属的工作目标,这句话的关键词是"一起制定"。既强调执行者要参与目标的制定,又强调管理者必须通过参与来外在控制下属目标制定的正确性,这是对目标选择的干预。

目标管理在达到目标之前要先约定彼此的责权利,事先预防目标实现过程中的责任不清、权力缺位或越位,以及通过奖励和惩罚来提供对行为的激励。这是一种事先的行为干预手段。

目标管理强调目标实现过程中的反馈和沟通。德鲁克认为管理者如果能及时向下属提供关于工作成果的反馈,就能让下属关注工作成果;管理者如果能帮助下属发现现有成果与最终目标之间的差异,就能调动他调整行为以缩小差距的积极性。反馈已被证明是行之有效的过程干预手段。

目标管理要根据最终目标的实现状况进行奖励和惩罚,获奖者将在下一个目标期间再接再厉,受罚者将在下一个目标期间改过追赶。奖罚干预了下一个目标期间的行为。

可以说,Y理论与目标管理,不仅不反对干预,而且处处体现了干预的重要性。

此外,管理者不想干预的原因是不理解干预的真正含义。

干预、控制、监督,是含义很接近的一组词,都体现了外在的强制力。

管理者不愿意被人视为监工，不愿意因强制而制造紧张的工作关系，这是可以理解的。但离开了强制力，组织就不复存在。

孙武经吴国大臣伍子胥推介给当时一心想扩军建立霸业的吴王阖闾。吴王读完孙武的兵法后大赞，欲证实其可行，遂命孙武训练两队各90名的宫女，孙武三令五申后，宫女仍嬉笑不听军令，孙武即下令将两队为首的吴王爱妃斩首，吴王欲阻，孙武不听，其后两队宫女均遵令操练。成语"三令五申"即出于此。这个典故描绘了孙武要建立一个组织——宫女组成的军队，先要拥有力量——对宫女目标和行为规范的强制力，也就是要强制宫女接受成为士兵的目标和接受士兵的行为规范。如果没有这种强制力，组织就建立不起来。

观音菩萨为了帮助唐僧建立起取经团队这个组织，先对悟空说要想脱离如来佛的五行山，要等取经人来，给悟空指出了脱离苦境的明路——追随取经人，接受取经的目标。然后又传授唐僧紧箍咒语，当悟空不听话时，唐僧可以念咒——强制力有了！

在现代公司中，每个人都是独立的个体，都拥有自己独一无二的目标和行为方式。没有帝王，也没有神仙，公司（包括其他组织）如何拥有这种对目标和行为的强制力呢？

这就要求公司必须能够提供通过实现公司目标和遵从公司行为规范满足个人需要的途径。如果一个人需要谋生和获得社会地位，而通过实现组织的目标和遵从组织的行为规范能够满足他的需要，那么他就能够自愿接受组织的强制力。

公司等现代组织的强制力还来自受法律保护的契约。一个人加入公司时签署的劳动合同，明确了双方拥有解除合同的权力，因此可以通过解约让不接受组织目标和行为规范的人离开公司。

如果组织是建立在强制力基础之上的，那么强制就是管理者要面对的现实。管理者必须接受别人的干预、控制和监督，也必须干预、控制和监督别人。如果这些词汇让你产生了不愉快的联想，那你暂时可以把这些不愉快放在一旁，本书接下来将要讲述的内容，会让你对这些词汇产生好感。

第4章 [检查到位]

控制是纠正偏差的过程

现代管理学认为,管理共有四项职能,分别是:计划、组织、领导、控制。所谓控制,就是监督各项活动以保证它们按计划进行,并纠正各种重要偏差的过程。

控制的过程分为三个步骤:

第一步:衡量实际绩效。

第二步:将实际绩效与标准进行比较。

第三步:采取管理行动纠正偏差或纠正不适当的标准。

控制的过程,如图4-1所示。

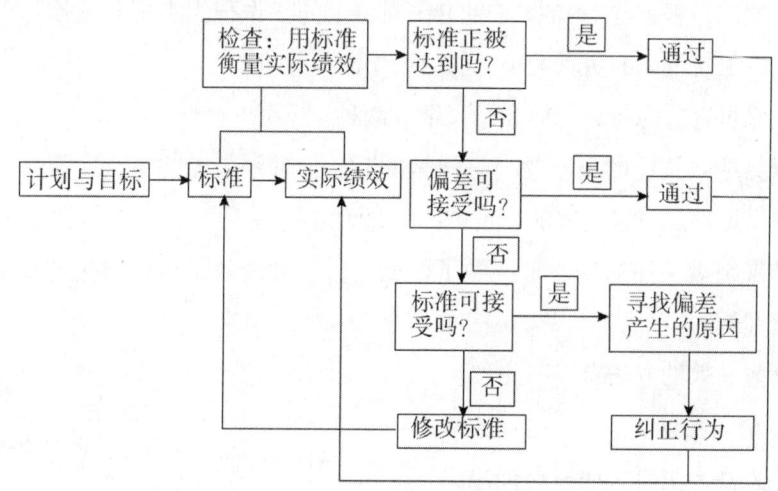

图4-1 控制过程中的决策秘处理

图4-1中检查被定义为"用标准衡量实际绩效",但在实际工作中,检查工作的内容却不仅限于此,还包括对检查结果的使用,如发现偏差、纠正偏差或者纠正不恰当的标准等。

 **衡量实际绩效的方法**

在管理学领域的理论和实践中,"绩效"的基本含义是"成绩和效果",可以定义为"个人、团队或组织从事一种活动所获取的成绩和效果"。绩效就是结果,就是收获,就是进展情况,是投入了要素之后的产出,付出了成本之后的收益。

绩效的一般概念是指员工在工作岗位上的工作行为表现和工作结果,它体现了员工对组织的贡献大小、价值大小。

绩效可以分为行为绩效和结果绩效两种。

行为绩效关注的核心是"怎样做的",这种绩效无法量化,但是可以描述、可以定性、可以观察的,也被称为过程绩效。

结果绩效关注的核心是"做了什么",这种绩效是可以量化的,也被称为产出绩效。

衡量绩效的方法有以下几种。

1. 个人观察法

个人观察主要关注三类行为:

- 正面行为——积极事件,对这类行为的处置措施是赞扬、鼓励和奖励。

- 负面行为——消极事件，对这类行为的处置措施是教导纠错。
- 正常行为——既不是积极事件，也不是消极事件，对这类行为可以不干预。

个人观察是非常重要的一种了解实际绩效、衡量实际绩效的方法。中国古代的皇帝和高层官员采用的微服私访，就是一种了解民间疾苦的个人观察法。

在个人观察法的基础上，现代管理学形成了一种管理方式叫走动式管理。这一管理概念，经过管理大师汤姆·彼得斯在《追求卓越的激情》一书中具体化后，名噪一时，被无数企业誉为"圣经中的圣经"。走动式管理被越来越多的企业纳入常态的管理机制，要求各级主管深入市场，走到员工和客户中去，了解工作进度和存在的问题，听取客户反馈的意见，检视员工的执行力。

日本经济团体联合会名誉会长士光敏夫采用"走动式管理"的做法，一举成为日本享有盛名的企业家。在他接管日本东芝电器公司前，东芝电器公司已不再享有"电器业摇篮"的美称，生产每况愈下。士光敏夫上任后，每天巡视工厂，遍访了东芝电器公司设在日本的工厂和企业，与员工一起吃饭，闲话家常。清晨，他总比别人早到半个钟头，站在厂门口，向工人问好，率先示范。此气氛感染了员工，促进了他与员工相互间的沟通，士气大振。不久，东芝电器公司的生产恢复正常，并有很大发展。

2. 工作记录法

工作记录法是一种以员工的工作成绩记录为基础的检查方法。

工作记录法的一个简单例子是打卡机存储的考勤记录。我们想要了解和检查员工的出勤情况，可以通过调阅和统计考勤记录来实现。

常见的工作记录有：

（1）财务记录：会计人员通过记账的方式，能够记录下企业的经营活动，因而通过阅读相关的财务报表就能够了解和检查实际的工作绩效。

（2）客户记录：信息支持部门、销售部门和售后服务部门的工作也能够留下很有价值的工作记录，如发货量的记录、客户访问量的记录、退货的记录、投诉的记录等。

（3）测试记录：不仅在生产部门会留下产品质量的测试记录，而且在销售部门也会留下顾客对样品的消费体验记录，这些记录也可以帮助管理人员了解和检查实际绩效的状况。

（4）个人纪录：对基层工作人员，可以根据工作需要，要求其写每天的工作日志。在海尔集团，这种工作日志被称为工作台账。工作台账不仅能让工作交接变得一目了然，而且也提供了最一线的工作记录，有助于管理人员了解和检查实际工作绩效。

3. 工作抽样法

如果你想了解一批产品的质量如何，逐一检查每件产品的质量可能因为费时费力而成为一件无法完成的任务，可行的办法是逐一检查这批产品中的一部分。这一部分就是一个样本，如果样本的质量是99%的合格率，我们就大致可以认为这批产品的合格率也是99%。这是统计学中抽样检查思想的具体应用。

4. 口头汇报法

通过听取下级的口头汇报，领导不仅可以在短时间内掌握下级工作的进度、主要成绩、存在问题及其意见建议，而且还可以通过听取汇报了解下级的个人素质和表达能力，做到知人善任。

常见的口头汇报法包括：

- 述职。
- 工作汇报。
- 会议。
- 谈话。
- 电话交谈。

第4章 [检查到位]

5. 他人反馈法

当员工的工作是为他人服务或与他人发生关系时，采用此方法。

常见的他人反馈法包括：调查表、电话访谈、座谈等。

很多企业会设置意见箱、投诉电话、投诉信箱等，都为通过他人反馈了解和检查实际工作绩效提供了便利条件。

把检查结果反馈给执行人

反馈是指把与当事人相关的信息告诉当事人，如工作成绩、检查结果、你对他某种观点和行为的看法等，分为积极反馈、消极反馈和中立反馈。

积极反馈是指告诉的内容是当事人喜欢听到的"好"消息，如表扬、鼓励等。人们在对待"好"消息时通常都能够快速而积极地提供。

消极反馈是指告诉的内容是当事人不希望听到的"坏"消息，如批评、指责等。人们在提供消极反馈时要么因为不情愿而延误，要么因为方法不当冒犯了当事人的防卫心理而效果不佳。

中立反馈是指告诉的内容是一种客观事实，既不属于"好"消息，也不属于"坏"消息。请比较以下的反馈形式：

- 你是最早交报告的人。（积极反馈）
- 你是晚交报告的人。（消极反馈）
- 你是晚交报告的人，但所有的人都晚交了，在晚交的人当中，你是最早交报告的人。（中立反馈）

有效的反馈具有三个特征：语义明确、心灵相通和探究咨询。

1. 语义明确

语义明确的反馈是较为详细的，而且应该是被核实甚至有记录的。要防止过于抽象，或者带有某种成见的感情色彩，更重要的是，它可以避免把指出错误变成对对方的人身攻击。

比如你对你的下属说："你写的字像小鸡刨米一样，重做之后，争取在最后期限内把它交给印刷商。"这样的反馈不仅没有明确地告诉下属，你要他怎么完成命令，而且还令他感到难堪和羞辱。不如这样说："我在考虑你手写的字是否不够清晰，把你的观点打印出来给印刷商好吗？"后一种说法更清楚地指示了下属该如何操作，不留有误解的余地。

明确的反馈可以是积极的，也可以是消极的，但都可以使评价更具有建设性。比如说，你想对同事的工作给予积极、肯定的反馈，你就可以说："你工作干得好极了！"他也许会搞不清你究竟想说什么，因为这样的反馈太不明确了：好在何处？好到什么程度？同样的，一个人被评价说："你任务完成得可不好啊！"这是个消极的反馈，但却同样含义不明，它不是负有责任感的、有明确目标导向的评语。

在这里，人们实际上犯了单向反馈的错误，只顾说自己的结论或感受。诸如"小王，你的计划不管用啊。"或者"小林，很抱歉我们不能采纳你的建议。"却丝毫不认为有义务提供更多细节和原因，使自己的反馈更加有效，同时也可使对方知道自己做得不好的原因。

如果我们接收到这样的不明反馈，可以采取措施引导谈话向更有利于信息交流的方向发展，如上例中的小王，可以这样反馈性地问到："你认为好的计划应该有些什么特点呢？"或者"你能提供一些指导性建议供我重新编制计划吗？"进行这样有效的反馈是双方共同的责任，也可使双方受益，我们能共同获得对事物的更深认识，并改进我们的行动。

2. 心灵相通

心灵相通意指交流双方采取支持的、坦诚的态度交换意见,它体现出反馈过程中人性化的一面,建立起理解和信任的关系。

比如,一位内部简报编辑当着众人的面对一位投稿职员反馈道:"我不能用你这篇文章。看了两遍我也不明白其中心思想是什么,而且仅第一页上就有两个拼写错误。"这样的评论是够明确具体的,但未免太不照顾对方的感受了。

欲体会他人的感受,与对方融汇思想,你必须将心比心,从对方的参照系出发,来体会对方在某个特定情形下的想法和感觉。能与他人心灵相通的人善于建立坦诚、开放的人际关系,他们将对方视为同等的个体,而不是客体或定型。

两个心灵相通的人在一起谈话,彼此可分享信任、分享共识,这是一种真正的双向反馈交流,不会有任何一方试图主导或评审彼此的交流。特别需要注意的是,要想真正地达到沟通的目的,必须要把对方置于与自己同等的地位。任何先入为主的、盛气凌人的做法都是不可接受的。

3. 探究咨询

探询就是探求对方的观点和看法。它在反馈的三个特征中最接近双向沟通的实质。提一些诸如"你对我的评述有何看法"或者"我的建议可行吗"之类的问题,借此打开双方沟通的渠道。

"探询"应该是开放性的。它必须给予对方足够的空间自由发表观点。通过探究和咨询,可以了解到别人是否理解和赞同所谈问题,如果不赞同,他们的看法如何。

如果会谈的气氛较为紧张的话,有些人会对他人的行为、语调或话语产生防卫性反应。解决方法之一就是用开放性、友好的问句代替"为什么"型的问题。简单地问一问"为什么",易被看成是威胁性的。换句话说,为避免造成紧张的防卫气氛,我们可以不用"你为什么没准时来?"来责备对方,可以说:"由于你没能准时到场,我们误了车,以后如果再有类似情况,你事先通知我们一声好吗?"

防卫性气氛没有积极作用,它往往将人们导向批判的、对立的价值体系中去;相反,支持性气氛却是建设性的,它鼓励人们用积极的态度,努力寻找解决问题的思路。

开放坦诚的探询还有助于调解冲突矛盾,因为在建设性的、满意度较高的气氛中,尽管人们持有不同意见,他们可以对事不对人,共同向需要解决的问题挑战。与你观点和经历不同的论点,往往是增长新知的慧机,探询和反馈的过程常常也是向旧观念挑战的过程,最终可能成为变革的催化剂。

 **通过"行为矫正"塑造出员工的好行为**

行为矫正是心理学中强化理论在管理实践中的应用,指的是采用有规律的、循序渐进的方式引导出所需要的行为并使之固化的过程。

从实际角度来说,当员工行为与管理者的要求和目标相差很大时,矫正是实现管理目标的重要手段。因为这时员工要作出合乎理想的行为很难,而如果只有满足标准才给予奖励,则奖励本身太渺茫,奖励很难奏效。进行行为矫正,即主动地、循序地引导所需要的行为,则可能成功达到目的。

组织行为矫正具体分为五个步骤,如图4-2所示。

第4章 [检查到位]

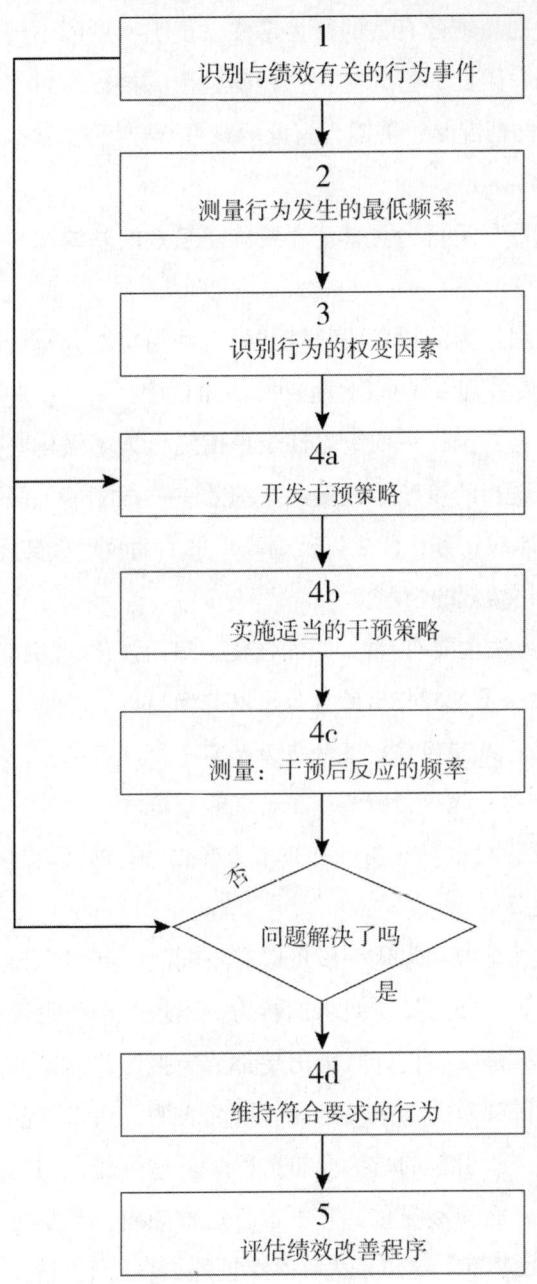

图4-2 行为矫正的步骤

第一步：识别与绩效有关的行为事件。员工所做的不同的工作对现产的贡献或意义不同，因此，行为矫正要先确认出哪些行为对工作绩效有显著的影响。往往出现的情况是，关键行为虽然只占所有行为的5%~10%，但绩效的贡献可能高达70%~80%。

第二步：测量有关行为。管理者要确定绩效的基线水平，也就是要到行为的基础效率水平。

第三步：识别行为的权变或绩效结果。采用功能分析法鉴别工作行为的各种情境因素，使管理者了解出现各种行为的原因。

第四步：拟定并执行一项策略性干预措施。为了强化必要的绩效和削弱不必要的行为，适当的策略是改变某些绩效——报酬的关联因素——结构、和谐、技术、群体或任务，代之以奖励高水平的绩效形成高度正相关。

第五步：评估绩效的情况。

行为矫正的方法主要有4种：正面强化、负面强化、惩罚和消退。

- 正面强化：是指对作出的行为予以奖励。
- 负面强化：是指因作出某种行为而不再予以惩罚。
- 惩罚：是指对作出的行为给予批评和处治。
- 消退：是指对出现的某种行为不予强化，久而久之这种行为被判定无价值而消退。

在行为矫正过程中，强化手段可以有不同的时间组合模式：一是连续强化，又叫完全强化，即只要所要求的行为一出现就给予强化；二是间接强化或部分强化，即不是每次良好行为出现都给予强化，而是间接地强化，但又足以使良好行为得到鼓励而重复出现。研究表明，后者比前者会产生更强的抵抗消退的作用，所引起的行为要持久得多。这可能是因为人类有寻求规律和一致性的倾向，而间接强化。它不符合这种倾向，于是更激发人们用更大的努力寻求一贯性奖赏。这也是为什么赌博那么容易上瘾的原因。

强化方法的运用对行为矫正的效果有重要影响，例如，完全强化对于学

第4章 [检查到位]

习初期的、不稳定的、不常出现的行为有很好的强化效果。但这种强化会很快导致饱足感，对奖励感觉麻木，难以得到强化效果。然而一旦撤销强化，行为便会迅速消退。相反，部分强化适用于稳定的或经常出现的行为。另外，研究发现，变化性强化往往比固定强化效果好。例如，奖金比固定工资强化效果好，前者与绩效相关，不定期不定比率地"间歇强化"，则后者对雇员来说已然习以为常，强化的作用很弱。

行为矫正在组织管理中有很大的应用价值。一个著名的案例是艾默尔公司进行的关于包装搬运工作方式的研究。

出于经济考虑，艾默尔公司希望工人尽量使用运输专用的金属箱。当管理人员询问工人搬运的货物中有多少是使用金属箱的，工人的回答一律是90%，但事实上比例仅有45%。为了鼓励员工使用金属箱，管理层建立了一个反馈和积极强化方案。每个装运工接受指导并记录自己每天的装运量，每天结束工作后由工人自行计算金属箱使用率，并据此发放奖励。结果，该制度实施的第一天，金属箱的使用率增加90%，并一直保持该水平。据公司称，这项措施在3年时间里为公司节省了200万美元。

其他许多组织、企业也结合自己的需要制定多种措施进行行为矫正，如以全勤奖取代病假照付制、发挥榜样作用、抽彩降低出勤率等。当然，人们对这种管理激励方法也有微词。有人认为组织行为矫正术有意操纵人的行为，减少人的自由意志，是不道德之举。同时，运用此方法达到目标之后能否持续作用，员工是否会觉得受刺激，不只是管理者促进其提高绩效的手段，而且确实是对他们鼓励，答案也未可知。

# 考核中运用"同一立场"的思维

"同一立场"的思维方式能使你用积极的心态看待员工所作出的业绩。业绩评估包括确定目标、鉴定取得的成果和制定业绩评估标准。这些标准应该对每位员工的职责评价都是适用的。管理者在考核中应该注重以下三个方面:

(1) 评估员工的工作表现,而不是进行人身攻击,也就是对事不对人。

(2) 评估要有效、具体,而不是泛泛而谈或夹杂着主观情绪。

(3) 与员工就他怎样改进工作和你应该做些什么达成一致意见。

在进行业绩评估时,你应该向员工表明,评估是针对员工具体的行为或业绩,而不是针对个人。这是建立"同一立场"思维方式的关键。只有这样,你才有可能和你的员工共同探讨怎样解决工作中的问题。

举个例子:

上司:"你总是迟到。你们部门的一些人认为你很懒。"

员工:"我不懒。如果你这样认为,那么你根本不了解我。"

由于上司的话语中流露出"这个员工懒惰",因此马上就产生了个人品性、感情和争辩等一系列问题。这样的反馈会刺伤员工的感情,以致员工忽略了绩效的问题。更有甚者,管理者也许会忍不住责骂员工"粗鲁迟钝",这非常接近人身攻击。其实,在上面的例子中说员工总是迟到是很不具体的。具体化,最好是用数据或书面材料说明,事实才不会被感情所代替。事实最具说服力,感情却会促使员工为自己的过失进行辩解,指责他人并继续

第4章 [检查到位]

其不良表现。所以，如果要把迟到作为员工实际的工作表现，就必须将其进行量化。比方说："到今天为止，15天中你总共迟到了5次。"

如果上司能以"同一立场"的思维去对待员工，那么情况可以变好。在业绩评估时要与员工进行有效的沟通，建立"同一立场"的思维方式很重要。如果运用得当，你就可以取得以下优势。

上司："你要注意，上班要准时。一些客户在上午8：00打电话找你，你却不在办公室。"

员工："你说得对。只有依靠他们，我才能有现在的业绩，也许这就是原因所在吧。"

上司："有什么需要我帮忙的吗？"

你不得不对员工的工作作出评估时，你还会认识到，员工的工作业绩不理想可能是管理不当的结果。你会特别注重自己该做些什么和说些什么。一旦意识到自己的职责所在，你就会采取措施加强你和员工之间的联系，使其在平等的基础上发挥最大的效用。

你能对员工的工作表现提出自己的意见，从而让他们意识到要成为公司优秀的一员应具备什么条件。对于员工良好的工作表现，你应及时加以肯定并予以鼓励。你还可以提出你对员工的更高期望值，激励员工付出更多的努力。

你所在部门的发展必须体现出全体部门员工的利益、能力和追求。只有用"同一立场"的思维来看待周密安排的业绩评估，你和员工才能共同制定一致的目标。

"同一立场"的思维方式能使你用积极的心态去看待员工们在过去所作出的业绩。同时，作为员工的良师益友，你可以从解决问题的角度，指出员工存在的不足并帮助他们改进自己的工作。

这样一来，你就掌握了另一种帮助员工解决问题的工具，这是你最重要的工具之一——取得成效的工具！

因此，通过对员工进行业绩评估，你和你的公司就能获得有用的反馈意见，帮助你们优化人力资源。通过评估，你可以和员工共同制定新的目标，并重新组织员工来取得最大的成效。

与员工面对面地进行业绩评估

　　了解员工的想法，进而达到相互理解，这样做是至关重要的。坐下来与员工面对面地进行业绩评估，与员工进行充分的沟通和交流，是业绩评估成败的关键。如果你认为，评估是管理者的职责，而与员工没有关系，那你就大错特错了。评估应该是在管理者与员工双方都认可的某个业绩评判标准下进行的一种互动性的活动。从这个意义上来说，与员工面对面地评价他们的业绩及今后的行动，是每个管理者都应该采取的一种无可争议的方式。

　　和员工面谈之前，你应该有充分的准备，如果你对所谈的问题和你自己的情绪没有绝对的把握的话，你千万别急着开场。与员工见面之前先把下面这些问题考虑好：你认为可以接受的最起码的行动是什么？有没有其他的解决办法？你希望对方何时得到改进？

　　面谈时应尽量避免分心和被别人打扰。把办公桌上和脑子里一切与评估无关的东西通通清理掉，挂断电话，关上房门。让员工感觉到，你十分重视这次面谈。确信自己已阅读了所有必要的资料并备好待用。

　　谈话开始时你可以先随便聊聊，营造一个宽松的气氛以利于进一步的沟通和交流。你们要面对面地交谈，最好不要隔着办公桌谈话。这样你就可以

第4章 [检查到位]

通过形体语言告诉对方：你们属于同一个集体，正在努力解决共同的问题。

谈话前可以把需要讨论的内容用标题的形式简单地列出来，以便让员工做到心里有数。你先向员工说明一下谈话的原因和你所做的安排。一定要让员工明白每个员工都将和你进行这种谈话，因为这是你和他们工作的一部分。如果你在做上述说明时员工有什么问题，你应该马上给予答复，让员工明白你愿意回答他所提出的问题并且理解他提出这个问题时的心情。对员工关心的问题应给予明确的答复，然后听听员工对此的意见。如果你觉得员工对你的答复表示满意，你就可以开始下一步了。

了解员工的想法，进而达到相互理解，这样做是至关重要的。这样做等于向对方表明，你很愿意听听他的心里话。你可以因此而激发员工的工作热情。由于员工有这样一个机会说出自己的问题和担忧，在接下来的讨论中，你们之间就不会产生误会。你可以把员工的这种表白当成一种预警系统，通过它，你可以做到有先见之明。因此，一开始你就应该先请员工发表意见，这样你就与员工建立了一种能够交换意见的友好关系，这对接下来的谈话是有利的。记住，你是在请员工谈论他喜爱的话题——他自己。

在对员工进行评估之前，你应该认识到与员工讨论他的工作表现最容易使他产生抵触情绪。因此，你应该先弄清楚员工都有哪些难对付的行为，以便找到有效的对策。

难以对付的行为之一就是对立情绪。这对管理者而言，是时常会碰到的事情，有些员工常常会情绪激动，甚至气急败坏。对此，你要能沉住气，最重要的是要理解员工。你需要用事实来说话，但要注意方式。比如你可以先让员工发泄不满情绪，然后再向他说明道理，引导他改正。

询问员工你能为他提供什么帮助。你也许不愿意问员工这个问题，因为：

（1）这问题有危险。

（2）你觉得结果会很糟。

（3）你认为应该是员工，而不是你来提出这个问题。

但是你应该问这个问题，因为：

（1）员工听了高兴。

（2）员工会告诉你这个领导当得如何。

（3）你会得知大伙儿在谈论些什么。

（4）你将得出正确的看法。

（5）也许可以使员工提升工作业绩。

（6）将有利于你和员工统一行动。

在对员工进行业绩评估时，你应该完成这样一个任务，那就是当员工需要作出决定时，你应该根据自己的经验给他们提出一些建议，让他们能够有所选择。员工也许没有你那么清楚，所以你应该提供帮助。

接下来是评估工作的实质性阶段：通过对业绩进行评定，综合各方面的因素，得出有益的评估结果，并顺利地传达给员工。

记住，只有员工完全明白了你对他们的要求，他们才能遵照执行。另外，你一定要让他们意识到不按要求做的后果。只有做到这一点，你对员工的工作说明书进行仔细分析，与他们讨论他们的工作职责、工作要求和工作成绩才能有效果。

问问你自己，这次业绩评估你给员工提出的目标是否应该在数量上加以限制。一次谈话员工能够接受多少批评意见呢？在半年或者1年内就要求员工在诸多方面取得进步也许期望太高。然而，你应该清楚员工到底能够取得哪些成绩，并请员工作出相应的承诺。

计划一下，看你打算如何帮助员工认识提高工作业绩的必要性。服从并不等于接受，只有员工自己表示要改进自己的工作，你才能得到最满意的结果。

多大的改进才算够了呢？也许以下两点必须改进：

（1）让员工自己制订具体的改进计划。

第4章 [检查到位]

（2）把改进和改正区分开来。改正是改变总目标，改进则是朝着正确的方向迈进。

如果员工的工作仍然没有起色，或者该员工缺乏改进自己工作的能力或愿望，那你可以和他谈最后一次，给他最后一次机会，如果还是不行只好让他走人。

好了，现在再来看看那些工作出色却不能获得提拔的员工。这些员工分为两种：一种是明明知道却接受得不到提拔的现实；另一种是对此一无所知或者不肯接受。每个公司都有应该提拔却不予提拔的员工。

出于多种原因，一些员工工作出色并不一定就能得到提拔。对于那些不可能得到提拔的员工，你必须把他们的工作目标讲清楚，落实以下几点：

（1）有什么方法可以让这些员工继续出色地工作？这些员工需要你不断地进行鼓劲。

（2）用什么来激励这些员工？要回答这个问题，得看他们最近有什么要求没有得到满足。

（3）有什么具体的东西可以激励这些员工？经常委以重任，适当下放你的权力。

（4）你怎样丰富他们的工作内容，让他们承担更具挑战性的任务？与授权不同，这种工作内容的变动是永久性的，别人在工作中会碰到，你自己在工作中也可能碰到。

（5）能不能鼓励他们多参与管理，让他们参与更多的决策？

（6）他们有没有能力辅导其他员工？要认识到，传播知识对公司的成功是一种重要的贡献。相对来说，与工作出色而且又将得到提拔的员工谈话就容易得多，但不应该承诺他们一定能提升。现在你的任务是注重他的新工作，而不是他的现实表现。你应反复向他说明尽管他将承担新的工作，但他现在仍然要像原来一样努力工作，新的工作只会让人干得更出色。

听听员工以后有什么实际打算并与他共同制定未来的规划。此类员工可能的发展举措包括：

（1）现行工作的开展。

（2）个人培训。

（3）对新岗位或新职位的打算和安排。

（4）业余时间的打算。

（5）专题讨论会、学术会议、工作会议。

（6）自我发展和自学计划。

（7）大学进修和攻读学位。

无论员工表现好坏，能否得到提拔，与他谈话时你都可以参考以下行为准则：

（1）以你的工作日志和评估表为准。

（2）从优点说起。

（3）尽量使你的分析与员工的自我鉴定统一。

（4）谈话时随时准备停下来倾听员工的意见。

（5）了解员工对你的分析有何意见。

（6）员工对你的评估提出意见之后，你予以说明。

（7）做不到的事不要答应对方。

执行工作改进计划。评估进行到这个阶段，你可以确认以下两点：

（1）在规定的时间内员工应该完成的具体任务。

（2）在同一时间范围内你应该完成哪些具体工作，以帮助员工改进工作，克服困难和障碍。

接下来，你应该将你们商量好的计划制成文件，以便双方遵照执行。计划应该包括：

（1）员工得到改进所必须完成的具体工作。

（2）你帮助和支持员工所要完成的具体工作。

（3）为了使员工工作顺利，更令人满意，更有发展前途所要做的具体工作。

以上所列出的具体任务应该成为你们工作的重点。另外，该计划应该包括长期目标和短期目标。你们还应该制订一个行动计划，并把其划分为可行的具体步骤。

你可以按以下办法制订行动计划：

（1）询问员工愿意承担什么工作。

（2）你想让员工承担何种工作，并请员工提出补充建议。

（3）与员工商定他最先要做的工作。

（4）询问员工你能如何帮助他。

（5）你觉得能为员工做些什么，请员工提出补充建议。

（6）与员工商定你所要做的具体工作和完成的时间。

（7）记录在案。

立即动手改进你的评估体系

专家建议绩效评估的过程和文件要尽可能简单。

当莫特知道得到晋升的时候，心里非常激动。他认为新职责范围会扩大，会有一次加薪机会。升到新职位后不久，当人力资源部进行绩效评估时，他的期望又进一步升高，认为离大幅度涨薪的日子不远了。

但是时间过去了6个月，评估还没有结束，加薪也无着落。而且，莫特从来没有接受过一次试用期绩效评估。这个绩效评估本来也应该会给他带来小幅加薪的。

就这样，在1年之内，莫特看到三次涨薪的机会从他的指缝中溜走，因为要么没有绩效评估，要么就是绩效评估没有结束。他将他的感受归纳为一句话："我被骗了"。

努力要留住人才的雇主当然不愿意看到员工对企业丧失信心，然而，不完善的或糟糕的绩效评估体系往往会导致这样的结果。当评估不公正、不及时、不精确时，企业就没有办法对优秀员工进行奖励，对处于边缘的员工提供鼓励和指导，对工作低于标准的员工给予及时和适当的反馈。

那么，如何对那些不是那么令人满意的绩效评估体系进行改进呢？要做的事实在是太多了。一些措施是值得引起注意的。

要决定绩效评估体系中包含什么内容是件令人头疼的事，专家建议绩效评估过程和文件要尽可能简单。必须避免使用长达16页的评估表格或多达95项的评估指标，这会让人忘了评估本来的目的。简化的评估表格有好多优点，包括评估中的一致性。这一点已由美国爱达荷州州长办公室中的实践所证明。该州行政官员安·哈尔曼认为，过去使用的绩效管理体系包含了太多的指标，导致评估缺乏一致性。例如，对于同一个员工的考核，某一个经理会想："既然你一直在做你的工作，说明符合该岗位的绩效要求"。哈尔曼说："但另一位经理会想：'你在这儿已经有些年头了，闭着眼睛也可以做，肯定超过企业的绩效要求了。'"哈尔曼对绩效管理体系作了改进，推出了该州新的绩效管理体系，在这个新系统中，评估层次从5个降为2个：你要么达到绩效标准，要么没有达到。

很多人担心这样做不能将员工区分，但问题的关键在于标准的设定，如果经理人能找到好员工的标准，并将其放入评估表，那么一切都顺理成章。

当然制定评估标准时必须保持灵活性。用一把尺子衡量所有人是不行的。有些能力如"团队精神"适用于每个人，可以在这些方面对每个人都评分。但是，诸如"战略敏捷性"等只适用于副总裁以上的管理层或只适用于特定的群体。

第4章 [检查到位]

麦斯公司（Mezzialnc）是一家网络基础软件公司。该公司商务经理米歇尔在诠释其绩效管理体系时说："各关键指标的总体定义能适合每个员工，但为了确保灵活性，对于每项工作，指标的要求不同。"例如，一项衡量客户服务的标准可以被应用于面对内部客户的职位（如人力资源或信息技术支持部门）或面对外部客户的职位（如销售人员）。"要推动你的员工，但又不能设立太高的标准，以至于每个人都达不到"，米歇尔强调，"但如果每个人的表现都出类拔萃，那么你的标准可能设定得不够具有挑战性。"

标准应该尽可能地清晰和可衡量。想一想那些溜冰裁判，他们给溜冰者彼此之间的评分仅有几分的差距。他们之所以如此精确，是因为他们精确地知道他们要寻找什么。

标准的制定应有员工的参与。在麦斯公司的评估体系中，员工目标必须由员工和经理共同讨论完成。这有两个原因。"首先，员工会关注被期望达到的目标，这是很好的自我反省"，梅赛（Mercer）咨询公司的人力资源咨询总监科琳·奥尼尔说，"其次，这些自我评估可以帮助经理看到每位员工的盲点。"

选择评估时间也是一项非常重要的工作，对评估的有效性产生影响。现在，很多公司都从在单个员工的周年日评估转向所有员工集中在1天进行评估，必须考虑这一措施的优劣，然后再决定哪一种方法最适合他们的组织。例如，集中1天评估使得评估体系和公司预算、计划一致，员工的绩效和贡献可以与公司全年目标对照，得到更精确地衡量。但是，对于计时制的工人或那些经常变换岗位的人，则可能仍需要在其个人的工作周年日进行评估。

一些人力资源专家偏爱周年日的评估方法，因为他们认为，集中一天的评估方法给经理们的负担太重。奥尼尔说："如果一下子需要看50份报告，精力有可能分散了。"但是，她也相信集中1天作评估可以确保更好的一致性和公正性。她说："当经理们把所有数据摆在面前时，经过比较他们会作出更好的决策。"奥尼尔引用了梅赛客户团队的研究。此项研究显示，集中1天的评估方法并不会大幅增加经理用于评估的时间。

在已经建立起绩效评估体系后，人力资源部门还可以走得更远一些。你可以问自己：人们是否真的在运用这个评估体系？你从员工意见调查中得到的员工抱怨是不是越来越少？你是否看到员工和岗位越来越匹配？通过这些问题，你可以判断这个评估系统是否取得了成功。你还可以通过调查来衡量新的绩效评估系统是否成功，比如，员工是否明白被期望的目标，讨论是否如期举行。"看一下企业运营结果和评估结果分布之间的关系"，奥尼尔说，"是不是每个人的评估结果都很杰出，业务却在衰退？是不是所有的销售人员评估时都拿到了5分，但销售在下降？"

全视角绩效评价——多几只眼睛看人

工作是多方面的，工作业绩也是多维的，不同个体对同一工作得出的印象是不相同的。正是根据此原理，人们在实际工作过程中开发出了全视角绩效评价系统。该系统通过由与被评价者有密切关系的人，包括被评价者的上级、同事、下属和客户等，分别匿名对被评价者进行评价，被评价者自己也对自己进行评价。然后，由专业人员根据有关人员对被评价者的评价，和被评价者的自我评价向被评价者提供反馈，以帮助被评价者提高其能力水平和业绩。

据最新调查，在《财富》杂志排出的全球1 000家大公司中，超过90%的公司在职业开发和绩效考核过程中应用了全视角绩效评价系统。全视角绩效评价系统之所以如此盛行，就在于它有以下几项优点：

（1）综合性强，它集中了多个角度的反馈信息。

（2）信息质量相对比较可靠。

（3）通过强调团队和内部、外部顾客，推动了全面质量管理。

（4）从多个人而非单个人那里获取反馈信息，偏见对考核结果的影响可以得到部分消除。

（5）从员工周围的人那里获取反馈信息，可以增强员工的自我发展意识。

全视角绩效评价的主要目的，不是对员工进行行政管理，如提升、工资确定或绩效考核等，而应该是服务于员工的发展。实践经验显示，当用于不同的目的时，同一评价者对同一被评价者的评价会出现差异；反过来，同样的被评价者对于同样的评价结果也会有不同的反应。当全视角绩效评价的主要目的是服务于员工的发展时，评价者所作出的评价会更客观和公正，被评价者也更愿意接受评价的结果。当全视角绩效评价的主要目的是进行行政管理，服务于员工的提升、工资确定等时，由于牵涉到个人的利益，所作出的评价公正性会削弱，被评价者也就会怀疑评价的准确性和公正性。因此，当公司把全视角绩效评价用于对员工的行政管理时，一方面，可能会使得评价结果不可靠，甚至不如仅仅由被评价者的上级进行评价；另一方面，被评价者很有可能质疑评价结果，造成公司内部关系紧张。

全视角绩效评价一般采用问卷法。问卷的形式分为两种：一种是给评价者提供5分等级，或者7分等级的量表（称为等级量表），让评价者选择相应的分值；另一种是让评价者写出自己的评价意见（称之为开放式问题）。两者也可以综合采用。从问卷的内容来看，可以是与被评价者的工作情景密切相关的行为，也可以是比较共性的行为，或者是两者的综合。

目前，市场上常见的评价问卷都采用等级量表的形式，有的同时包括开放式问题。问卷的内容一般都是比较共性的行为。采用这种问卷进行全视角绩效评价有两个优点。首先，成本比较低。美国CCL公司提供的全视角绩效评价问卷，包括1份自评问卷和11份他评问卷，其价格只有大约200美元。其次,实施起来比较容易。采用现有的全视角绩效评价问卷,公司所需要做的事情就是购买问卷、发放问卷,然后将问卷交给供应商统计处理,或者按照供应商提供的方法进行统计处理就够了。但是,这种方法也有其不足,最主要的一点就是问卷内容都是共性的行为,与公司的战略目标、公司文化、具体职位的工作情景结合并不是很紧密,加大了结果解释和运用的难度,会降低评价的效果。

因此,一些公司开始编制自己的全视角绩效评价问卷。采用这种方法编制的问卷,能确保所评价的内容符合本公司的具体要求,使得评价结果能更好地为公司服务。

在实际工作中,越来越多的公司开始采用折中的方案。即先从外部购买成熟的问卷,然后由评价者、被评价者和人力资源工作者共同组成专家小组,判断问卷中所包括的行为与拟评价职位的关联程度,保留关联程度比较高的行为。最后,再根据对职位的分析,增加一些必要的与工作情景密切相关的行为。采用这种方式,既能降低成本,也能保证问卷所包括的行为与拟评价职位具有较高的关联性。

在进行全视角绩效评价时,一般都是由多名评价者匿名进行评价的。采用多名评价者,确实扩大了信息收集的范围,但是并不能保证所获得的信息就是准确的、公正的。同样,虽然匿名评价可能会使评价结果更加真实,但是更真实的评价并不一定就是更有效的。

在全视角绩效评价的过程中,受到信息层面、认知层面和情感层面因素的影响,可能会导致所获得的评价结果不准确、不公正。从信息层面来说,评价者对被评价者的情况不是特别了解;由于没有掌握相应的信息,或者了解的信息是不全面的,会使评价结果出现误差。从认知层面来说,评价者可能只是根据他们对被评价者的整体印象,而不是其具体的行为表现来对被评价者进行评价。从情感层面来说,评价者可能会无意识或者有意识地歪曲对被评价者的评价。为了维护自己的自尊,一般的被评价者在评价时,会给自

第4章 [检查到位]

己较高的评价，而给其他人以较低的评价。

在同一公司工作的员工，既是合作者，又是竞争者，考虑到各种利害关系，评价者有时还会故意歪曲对被评价者的评价。比如，可能会给跟自己关系好的被评价者以较高的评价，给跟自己关系不好的被评价者以较低的评价。

由于以上原因，如果不对评价者进行有效的培训，会导致评价结果产生很多误差。为了提高评价结果的准确性和公正性，在进行全视角绩效评价之前，应对评价者进行选择、指导和培训。在培训的时候，最好能让评价者先进行模拟评价，然后根据评价的结果指出评价者所犯的错误，以提高评价者在实际评价时的准确性和公正性。

虽然评价是全视角绩效评价中的重要一环，但是全视角绩效评价最后能不能改善被评价者的业绩，在很大程度上取决于评价结果的反馈。评价结果的反馈应该是一个双向的反馈。一方面，应该就评价的准确性和公正性向评价者提供反馈，指出他们在评价过程中所犯的错误，以帮助他们提高评价技能；另一方面，应该向被评价者提供反馈，以帮助被评价者提高能力水平和业绩水平。当然，最重要的是向被评价者提供反馈。

在评价完成之后，应该及时提供反馈。一般可由被评价者的上级、人力资源工作者或者外部专家，根据评价的结果，面对面地向被评价者提供反馈，帮助被评价者分析在哪些方面做得比较好，哪些方面还有待改进，该如何改进。还可以比较被评价者的自评结果和他评结果，找出评价结果的差异，并帮助被评价者分析其中的原因。

在全视角绩效评价实施过程中，会出现一些问题，比如：员工可能会相互串通起来集体作弊；来自不同方面的意见可能会发生冲突；在综合处理来自各方面的反馈信息时比较棘手。

因此，在建立全视角绩效评价系统时，英特尔公司采取了一些防范措施，以确保考核的质量。

1. 匿名考核

确保员工不知道任何一位考核小组成员是如何进行考核的（但主管人员的考核除外）。

2. 加强考核者的责任意识

主管人员必须检查每个考核小组成员的考核工作，让他们明白自己运用的考核尺度是否恰当，结果是否可靠，以及其他人员又是如何进行考核的。

3. 防止舞弊行为

有些考核人员出于帮助或伤害某一位员工的私人目的，会作出不恰当的过高或过低的评价。团队成员可能会串通起来彼此给对方作出较高的评价。主管人员必须检查那些明显不恰当的评价。

4. 采用统计程序

运用加权平均或其他定量分析方法，综合处理所有评价。

5. 识别和量化偏见

查出与年龄、性别、民族等有关的歧视和偏爱。从英特尔公司的经验来看，虽然全视角绩效评价系统是一种很有实用价值的绩效考核方式，但它与任何一种考核技术一样，其成功亦依赖于管理人员如何处理收集到的信息，并保证员工受到公平的对待。

对低绩效的员工心不能太软

酒与污水定律指出，如果把一匙酒倒进一桶污水中，你得到的是一桶污

第4章 [检查到位]

水;如果把一匙污水倒进一桶酒中,你得到的还是一桶污水。

在任何组织里,都存在几个难弄的人物,他们存在的目的似乎就是为了把事情搞糟。最糟糕的是,他们像果箱里的烂苹果一样,如果你不及时处理,它会迅速传染,把果箱里其他的苹果也弄烂。"烂苹果"的可怕之处在于它那惊人的破坏力。一个正直能干的人进入一个混乱的部门可能被吞没,而一个无德无才者能很快将一个高效的部门变成一盘散沙。一个能工巧匠花费十日精心制作的陶瓷品,一头驴子一秒钟就能将它毁坏掉。

酒与污水定律是一条来自西方的管理定律,其实在我们中国也有同理的谚语:

一块臭肉坏了满锅汤;

一粒老鼠屎坏了一锅粥;

一条臭鱼坏了一锅汤。

无论是来自西方的定律还是中国的谚语,已经对负面影响的始作俑者做了准确的定性:污水、臭肉、老鼠屎、臭鱼。这些已经定性的东西已经没有改变和改造的可能。污水总不可以成为酒吧,臭肉总不可以成为好肉吧,老鼠屎总不可以成为调料吧,臭鱼又怎么可能成为好鱼?既然如此,就要及时处置,对极坏的东西不需要再抱什么幻想。

因此,辞退不合格的员工要果断快速。重要的是时刻牢记管理的目标:消除糟糕的表现和行为。

一位经理花了很大力气,才从某大公司挖来一名关键的信息系统专家。公司满腔热情地给他安排了工作,却很快发现他不能胜任。这位经理试图指导和帮助他,但是他的工作表现始终没有起色。其他同事来到这位经理面前,建议他采取行动,他却迟疑不决。此时,他知道自己雇错了人,但是由于负疚而迟迟没有动作。他告诉这位新员工,他将给他一些时间寻找新的工作。但是这位新员工的表现却越来越差,直到一位重要客户拂袖而去,其他员工也士气低落,这位经理才把他解雇。这位经理得到的教训代价不菲:

"下次我决不犹豫，立刻采取措施。"

管理者在解雇员工时瞻前顾后，原因何在？

许多企业管理者都像这位焦虑的经理一样，不忍心正视没有达到标准的工作绩效，更不用说毫无绩效的情况了。绩效低劣的员工是指那些屡犯错误，赶走客户，在企业组织中造成不满和士气低落等问题的员工。快速成长的公司尤其不能容忍绩效低劣的员工，他们会削弱团队的实力，给潜在客户和商业伙伴留下不良印象，加剧对公司综合生产率的负面影响。作为经理，你必须采取措施及时改变这种状况。

如果你尽了最大的努力对员工进行指导，但他依旧置若罔闻，或者你降低了工作期望值和标准，他还是没能达到要求，这时你就应该重新审视对他的录用决定。很多经理在3周或更短的时间内就意识到自己在录用员工上的错误，但通常在3个月之后才决定纠正这个错误。

管理者犹豫不决的原因多种多样。例如，他们觉得承认错误是一件尴尬的事情；他们对错误的录用感到内疚，对解雇曾满怀期望的人于心不忍；他们对录用员工的时候没有明确表达工作绩效的期望而感到遗憾；他们知道自己没有做好员工的绩效反馈和指导工作；他们不愿意再次经历昂贵耗时的程序去找合适的人员来替换。

对于管理者而言，这可能是一个痛苦的经历，但还是应该采取行动。让自己理性一点。

在计划解雇一名员工之前，你应问自己是否公平地对待过这个员工："我是否让他认识到自己绩效低劣的事实，并给予他改进的机会？"也就是说，你是否采取过以下这些行动。

是否为这个员工确立明确的绩效期望值？这与你对员工绩效的管理水平有关。运用绩效管理技巧留住最佳员工的效果，取决于你和他们建立伙伴关系的程度。这种伙伴关系是成年人之间建立共同协定的关系。

是否就这名员工的绩效没有达到目标，向他作出具体的反馈？一项研究

第4章 [检查到位]

表明,在60%的公司中,产生绩效问题的首要原因是管理者对下属的绩效反馈做得不够或是没有做好。在针对79家公司的100多名员工所做的一项调查中,管理者的反馈和指导技能一致被评为平庸。这些结果表明很多管理者都是拙劣的导师,而他们的员工通常也意识到了这一点。

是否详细、系统地记录该员工的绩效数据、事件、绩效反馈及改进评估的谈话结果,以及是否在上述评估谈话中,使该员工认识到存在的问题并对如何解决问题达成一致?在绩效讨论的过程中,让员工评估他们自己的绩效。如果员工承认问题,那么,问题解决会顺利得多。如果员工否认问题,那么该员工对建设性的指导置若罔闻。

是否把给予这位员工一定的试用期或者改进绩效的最后期限,作为解雇前的最后手段?曾经有一位经理告诉他的一名员工,如果他在30天内仍然不能完成自己的工作项目,就必须走人。结果该员工在期限内完成了任务。所以,要确保给予员工足够的改进时间。

是否寻找解雇之外的其他方法?你犯了录用某位员工的错误,并不意味该员工不能有效地完成其他工作。该雇员不适合这项工作,可能是他绩效低劣的真正原因。因此,管理者可以考虑重新评估该员工的才能、动力和兴趣。也许工作可以重新设计,也许在你的领域内有其他更能发挥该员工才能的工作。

假设你已经不止一次直言不讳地把工作绩效低劣的情况反馈给员工,指导他如何改进,为他确立具体的绩效目标,记录他未能改进绩效的情况,而且考虑过不解雇的解决方法,然而都无济于事,那么,你的最终选择是解雇他。

管理者无论出于何种原因解雇员工,都是一件最令人忧虑和烦恼,却又不得已而为之的事情。令人烦恼的因素多种多样,你不仅夺走了这位员工的生活来源,而且,你这么做会影响组织中的其他成员,包括你最想留住的员工。

重要的是时刻牢记你的目标:消除糟糕的表现和行为。在有效地惩戒员工或者采取纠正措施之前,你必须表明你真诚地关心他的成功。考核程序对事不对人,是基于"目标推动行为,结果维系行为"的原则。

# 年度工作评估的效果是有限的

现代公司不应该在年度评估上浪费过多的时间。

"好吧,约翰,轮到你做年度工作评估了。我只问你一个问题——你对自己过去1年的工作有何评价?"

"嗯,我感觉还是不错的。我准时完成了更多的项目,是不是?"

"是这样,我希望你知道我对此非常欣赏。另外,我也注意到你的报告写得更加精练、更加切题,语法错误也减少了。"

"是啊,我一直在这上面努力",约翰看上去似乎很开心,"我对自己的进步感到很高兴。"

"不过,我要求你把交上来的几个报告重新做一遍,因为我认为你缺少充分的调研。"

"真是抱歉,但我已经在做一些工作了。你不觉得我后来做得好多了吗?"

"我真的没有注意,不过下一两次我会特别留心,并让你知道。还有另外一件事——我发现这几个星期你多次离开工作区。我希望你确实把时间花在工作上。"

"这多半是为了那个改型项目",约翰回答说,"我不会再在上面花时间了。"

"能听你这么说,我很高兴。现在我们来看一看——把得分与扣分加起来,我想这就是你去年工作表现的得分了。这听起来很合理吧?"

第4章 [检查到位]

约翰想了一会儿，然后答道："是啊，这还用说。"

你在管理课程上可能学到的有关进行工作评估的要素都已经包括在以上那段对话之中。经理给了约翰充分的发言机会，并且以两个积极的表现开始评估。他客观地提出了约翰的消极表现，而且也给了他辩白的机会。最后经理对约翰的工作表现打分，而他也接受了这一评估结果。

那么，结果会是如何呢？约翰可能会继续做更多精练的报告，这些报告也不会有什么语法错误。他会努力把调研工作做好，但却不能肯定经理会向他提供帮助。他还会继续离开工作区，不管是出于什么原因，直到经理再次对此发话。他会对得到的分数感到失望，因为他认为上次评估以后自己已经有了提高。

那么，约翰的工作表现会有多少改善呢？答案是：零。

你不应该在年度评估上浪费时间。年度工作评估是件不讨人喜欢的事务性工作，但很多企业都有这方面的要求。这种评估改善不了工作表现，而它也确实不是为改善工作表现而设计的。因此，按企业的要求去做好了，做的时候要小心谨慎，而后用其他方法来切实地改善员工的工作表现。

那你该怎么样做呢？

（1）看到好的表现时，应该当场予以肯定。等到评估时间到来后再告诉某人他做了件出色的工作已太迟了。

（2）一有不良表现出现，就当场予以处理。案例中的经理本应该一直在约翰身边帮助他改进报告，提高他的调研能力的。如果他对约翰离开工作区的次数太多引起了重视，那么在引起重视的当时就应该对他提出质疑。他和约翰都应该清楚地知道问题所在，知道他在克服这些问题上有何进展。

（3）将年度评估视为对你与员工都已经知道了的工作情况的简明回顾，为员工打一个恰当的分数，并以此作为一个新的起点。

这不是正确与否的问题。如果你期望有种最好的年度评估，它能够真正对改善工作表现起到作用的话,那你几乎注定要失望的。

有些经理会向员工征求对年度评估的意见。还有的经理甚至要求员工们详细地用书面形式汇报自己所做的工作,并给出自己认为应该得到的分数。这些都没有解决最基本的问题,不过确实可以让经理了解一些细节。

员工的优秀程度与他们给自己的评分之间往往会有一种负相关关系。真正优秀的员工对自己的要求很高,他们对所取得的成就与自己的理想之间的差距一清二楚。而平庸的员工刚好相反,他们目标不高,视野不宽,他们只知道自己干得多累才取得了现在的成就。这样,先进的员工可能会把自己的评分打得比平庸的员工还要低。并非说自我评估不可取,而是说应该对结果作一个平衡,使之能够反映你所见到的业绩。

工作考核与绩效管理表格汇总

在绩效管理与考核中经常需要使用一些管理表格。使用管理表格的好处是把企业面对的大量管理工作规范化、标准化,使繁琐变得简单,使杂乱变得有序。

本章提供了相关的管理表格(见表4-1~表4-12),这些表格显然不能通用于各种不同类型的组织和企业,但是对管理人员的实际工作有着较强的参考价值和借鉴意义。

第4章 [检查到位]

表4-1 员工自我评价表

申报日期： 年 月 日

姓名		性别			学历	
入本企业时间	年 月 日	部门			职称	
入本企业年限	共 年	职位			出生日期	
现任主要工作		现行工作时间			工资	
项目			理由及建议		部门批示	总经理批示
目前工作	1. 你认为目前担任的工作对你是否适才适听？ （□适合□不太适合□不适合） 2. 工作的"量"是否恰当？ （□太多□适中□很少） 3. 在执行工作时，你曾感到什么困难？					
工作希望	1. 你认为你比较适合哪些方面的工作？ 2. 你不适合哪些方面的工作？ 3. 其中最适合你的工作是什么？ 4. 你对现在的工作有什么希望？					
薪资及职位	1. 你认为你的工作报酬是否合理？（□合理□不合理） 2. 职位是否合理？ （□合理□不合理） 3. 职称是否合理？ （□合理□不合理） 4. 理由何在？ 5. 你的希望？					

（续表）

教育训练	1. 本年度你曾否参加公司内部举办的训练？ （□曾参加 □未曾参加） 2. 曾参加什么训练？ 3. 你希望接受什么项目的训练？ 4. 你对本企业训练的意见如何？			
工作分配	1. 你认为你的部门中工作分配是否合理？ （□合理 □不合理） 2. 什么地方亟待改进？			
工作目标	1. 你的工作目标是什么？ 2. 这个目标你已做到什么程度？			
特殊贡献	1. 你认为本年度对公司较有特殊贡献的工作是什么？ 2. 你做到了什么程度？			
工作构想	在你担任的工作中，你有什么更好的构想？请具体说明。			
其他	1. 请代为安排和面谈。 2. 本人希望或建议。			

第4章 [检查到位]

表4-2　普通员工绩效考核表

姓名：_____　部门：_____　岗位：_____　考评日期：_____

评价因素	对评价期间工作成绩的评价要点。	评价尺度				
		优	良	中	可	差
勤务态度	A. 严格遵守工作制度，有效利用工作时间。	14	12	10	8	6
	B. 对新工作持积极态度。	14	12	10	8	6
	C. 忠于职守、坚守岗位。	14	12	10	8	6
	D. 以协作精神工作，协助上级，配合同事。	14	12	10	8	6
受命准备	A. 正确理解工作内容，制订适当的工作计划。	14	12	10	8	6
	B. 不需要上级详细的指示和指导。	14	12	10	8	6
	C. 及时与同事及协作者取得联系，使工作顺利进行。	14	12	10	8	6
	D. 迅速、适当地处理工作中的失败及临时追加任务。	14	12	10	8	6
业务活动	A. 以主人公精神与同事同心协力，努力工作。	14	12	10	8	6
	B. 正确认识工作目的，正确处理业务。	14	12	10	8	6
	C. 积极努力改善工作方法。	14	12	10	8	6
	D. 不打乱工作秩序，不妨碍他人工作。	14	12	10	8	6
工作效率	A. 工作速度快，不误工期。	14	12	10	8	6
	B. 业务处置得当，经常保持良好成绩。	14	12	10	8	6
	C. 工作方法合理，时间和经费的使用十分有效。	14	12	10	8	6
	D. 工作中没有半途而废、不了了之和造成后遗症的现象。	14	12	10	8	6
成果	A. 工作成果达到预期目的或计划要求。	14	12	10	8	6
	B. 及时整理工作成果，为以后的工作创造条件。	14	12	10	8	6
	C. 工作总结和汇报准确真实。	14	12	10	8	6
	D. 工作中熟练程度和技能提高较快。	14	12	10	8	6

1. 通过以上各项的评分，该员工的综合得分是：_____分
2. 你认为该员工应处的等级是：（选择其一）[ ]A　[ ]B　[ ]C　[ ]D
　A：240分以上　　B：240~200分　　C：200~160分　　D：160分以下
3. 考核者意见：_____
　考核者签字：_____日期：____年____月____日

考评人评语：	
合计总分：	考评人签字：

表4-3 管理人员绩效考核表

姓名：_____　部门：_____　岗位：_____　考评日期：_____

评价因素	对评价期间工作成绩的评价要点。	评价尺度				
		优	良	中	可	差
1. 勤务态度	A. 把工作放在第一位，努力工作。	14	12	10	8	6
	B. 对新工作表现出积极态度。	14	12	10	8	6
	C. 忠于职守，严守岗位。	14	12	10	8	6
	D. 对部下的过失勇于承担责任。	14	12	10	8	6
2. 业务工作	A. 正确理解工作指示和方针，制定适当的实施计划。	14	12	10	8	6
	B. 按照部下的能力和个性合理分配工作。	14	12	10	8	6
	C. 及时与有关部门进行必要的工作联系。	14	12	10	8	6
	D. 在工作中始终保持协作态度，顺利推动工作。	14	12	10	8	6
3. 管理监督	A. 部下在人事关系方面没有不满或怨言。	14	12	10	8	6
	B. 善于放手让部下去工作，鼓励他们乐于协作的精神。	14	12	10	8	6
	C. 十分注意生产现场的安全卫生和整理整顿工作。	14	12	10	8	6
	D. 妥善处理工作中的失败和临时追加的工作任务。	14	12	10	8	6
4. 指导协调	A. 经常注意保持提高部下的劳动积极性。	14	12	10	8	6
	B. 主动努力改善工作和提高效率。	14	12	10	8	6
	C. 积极训练、教育部下，提高他们的技能和素质。	14	12	10	8	6
	D. 注意进行目标管理，使工作协调进行。	14	12	10	8	6
5. 工作效果	A. 正确认识工作意义，努力取得最好成绩。	14	12	10	8	6
	B. 工作方法正确，时间和费用使用得合理有效。	14	12	10	8	6
	C. 工作成绩达到预期目标或计划要求。	14	12	10	8	6
	D. 工作总结汇报准确真实。	14	12	10	8	6

1. 通过以上各项的评分，该员工的综合得分是：_____分
2. 你认为该员工应处的等级是：（选择其一）[ ]A [ ]B [ ]C [ ]D
　　A：240分以上；B：240~200分；C：200~160分；D：160分以下
3. 考核者意见：

考核者签字：_____　日期：_____年_____月_____日

续表

注：以下部分由行政人事部及总经理填写。
人事部评定： 1. 评语： 2. 依据本次考核，特决定该员工： [ ] 转正：在_____任_____职 [ ] 升职至_____任_____ [ ] 续签劳动合同_____自_____年_____月_____日至_____年_____月_____日 [ ] 降职为：_____ [ ] 提薪/降薪为：_____ [ ] 辞退 [ ] 其他：_____ 经理签字：_____   日期：_____年_____月_____日
总经理最终核准：_____ 总经理签字：_____   日期：_____年_____月_____日

表4-4 中层管理人员年度绩效考核表

姓名		职务		评价人	
事业部		部门		考核区间	
考核尺度及分数		优秀（10分）良好（8分）一般（6分）较差（4分）极差（2分）	评分	本栏平均	权重系数
工作绩效	1.工作完成度	与年度目标或与期望值比较，工作达成与目标或标准之差距，同时应考虑工作客观难度。		4	
	2.工作品质	仅考虑工作的品质，与期望值比较，工作过程、结果的符合程度（准确性、反复率等）。			
	3.工作速度	仅考虑工作的速度，完成工作的迅速性、时效性，有无浪费时间或拖拉现象。			
	4.工作量	仅考虑完成工作数，包括职责内工作、上级交办工作及自主性工作完成的总量。			
工作能力	5.计划性	工作事前计划程度，对工作（内容、时间、数量、程序）安排分配的合理性、有效性。		3	
	6.协调沟通	与各方面关系协调，化解矛盾，说服他人，以及人际交往的能力。			
	7.应变力	应对变化，采取措施或行动的主动性、有效性及工作中对上级的依赖程度。			
	8.指导控制力	对本部门或下属的激励、指导、培训情况，对本部门的管理、控制情况。			
	9.周全缜密	工作认真细致及深入程度，考虑问题的全面性、遗漏率。			
	10.人才培养	对人才的重视程度及对储备人才的培养情况。			
	11.职务技能	对担任职务相关知识的掌握、运用，工作熟练程度。			

（续表）

工作态度	12.协作性	人际关系，团队精神及与他人（其他部门）工作配合情况。		3
	13.以身作则	表率作用，严格要求自己，遵守制度纪律情况。		
	14.工作态度	工作自觉性、积极性；对工作的投入程度，进取精神、勤奋程度、责任心等。		
	15.执行力	对上级指示、决议、计划的执行程度及执行中对下级检查跟进程度。		
	16.品德言行	是否做到廉洁、诚信，是否具有职业道德。		
评价得分	A.（1-4项平均分）×4+（5-11项平均分）×3+（12-16项平均分）×3=_____分			
出勤及处罚	B.出勤：迟到、早退_____次×0.5+旷工_____天×2+事假_____天×0.4+病假_____天×0.2=_____分			
	C.处罚：警告_____次×1+小过_____次×3+大过_____次×9=_____分			
总分	A._____分-B._____分-C._____分=_____分			
考核等级	□A：90分以上 □B：70-89分 □C：40-69分 □D：40分以下			
考核者意见				

高一级管理者考核：

高二级管理者考核：

被评价者管理者签字：

表4-5 技术人员能力考核表

级别	A.特别优秀	B.优秀	C.普通	D.需要努力	E.差
特长	专业技术高超，能准确执行上级指示，责任感极强	有良好的技术素质和创新能力，能随机应变，人事协调力好	熟练掌握技术，能遵守上级指示，有一定的技术创新力	正确掌握技术，有进取心，能随机应变	勉强能完成任务，技术能力一般
满分15分	15分	14~12分	11~9分	8~6分	5分以下
满分10分	10分	9~8分	7~5分	5~4	3分以下
满分5分	5分	4分	3分	2分	1分

工作状况				
	标准上班日数		日	记载事项	综合意见
	缺席（事假）		日		
	（丧假）		日		
	（无故）		日		
	早退		次		
	迟到		次		
	迟至、早退、缺席换算		日		
	缺席总计		日		
	实际上班日数总计		日		

对判定奖赏的反映		本人对判定的不满
对判定加薪的反映		
对判定训练的反映		调整
对判定晋升的反映		

评分标准：

　　　　25分以上为"特优"，20~25分为"优秀"，5~20分为"普通"，10~15分为"需要努力"，10分以下为"差"

表4-6 经理人员能力考核表

分类		评价内容	满分	1次	2次	3次	4次
工作态度	1	经营计划的立案、实施是否有充分的准备？	5				
	2	是否以长期的展望探索公司的未来？	15				
	3	是否以负责人的眼光注意到全体？	5				
	4	是否重视经营理念？	5				
	5	是否有敏锐的利益感觉？	5				
基本能力	6	为了达成目标，是否站在最前线指挥？	15				
	7	是否能节约成本；早日、确实地达成目标？	5				
	8	是否重视长期目标的实施？	5				
	9	是否能严守期限、达成目标？	5				
	10	是否能随机应变，在修改目标值的同时也能达成目标？	5				
业务熟练程度	11	是否能以全公司的立场发言、提议？	5				
	12	是否能以长期的观点制定企划？	5				
	13	是否能就公司的观点收集情报？	10				
	14	是否能与其他部门交流情报？	5				
	15	是否积极地与其他部门协调？	5				
责任感	16	是否确实把握部属的优、缺点？	5				
	17	是否能与其他部门协调？	5				
	18	是否适才适所？	10				
	19	是否热心培育后继者？	5				
协调性	20	是否仔细地聆听部属的意见？	5				
	21	是否注意身体的健康？	5				
	22	是否谨慎地使用金钱？	10				
	23	是否热心于小组内部意见的沟通？	10				
	24	是否绝不引起异性问题？	5				

（续表）

自我启发	25	是否不与顾客勾结？	5
	26	是否对社会及时代的变迁敏锐？	5
	27	是否热心于吸取新技术与知识？	10
	28	是否站在国际的视野上能自我革新？	5
	29	为了改善，是否可以抛弃前例？	10
	30	是否不息于未来的预测？	5
评价分数合计			

评分标准：

　　　　　　180分以上为"优秀"，150分以上为"良好"，

　　　　　　120分以上为"中等"，100分以上为"及格"，

　　　　　　未满100分为"不及格"，

第4章 [检查到位]

表4-7 销售部门员工考核表

姓名			职务（称）			考核区间			
分类		评价内容				满分	1次	2次	调整	决定

分类		评价内容	满分	1次	2次	调整	决定
工作态度	1	细心地完成任务	5				
	2	做事敏捷、效率高	5				
	3	具备商品知识，能应对顾客的需求	5				
	4	不倦怠，且正确地向上级报告	5				
基础能力	5	精通职务内容，具备处理事务的能力	5				
	6	掌握职务上的要点	5				
	7	严守报告、联络、协商的规则	5				
	8	在既定的时间内完成任务	5				
业务熟练程度	9	能掌握工作的进度，并有效地进行	5				
	10	能随机应变	10				
	11	有价值概念，且能创造新的价值	5				
	12	善于与顾客沟通，且说服力强	5				
责任感	13	树立目标，并朝目标前进	5				
	14	有信念，并能坚持	10				
	15	有开拓新业务的信心	10				
	16	预测过失的可能性，并想出预防的对象	5				
协调性	17	做事冷静，绝不感情用事	5				
	18	与他人协调的同时，也朝自己的目标前进	5				
	19	在工作上乐于帮助同事	10				
	20	尽心尽力地服从与自己意见相左的决定	10				
	21	有卓越的沟通与说服能力，且不树敌	10				

（续表）

自我启发	22	有进取心、决断力	10			
	23	积极地革新、改革	5			
	24	即使是自己分外的事，也能提出提案	10			
	25	热衷于吸收新信息或知识	10			
	26	根据长期规划制定目标或计划并付诸实行	10			
考核分数合计			180			

表4-8 行政秘书绩效考核

姓 名		职 务		考核时间	
本部门业务考核	0.70	得分	其他考核	0.30	得分
公司文件、资料的打印、发放工作	0~0.10		出勤率	0~0.05	
公司资料的复印、装订工作	0~0.10				
办公设施的维护和维修	0~0.05		加班率	0~0.05	
报刊的订阅、发放，信件的发放	0~0.05				
车票、饭票的办理	0~0.05		其他部门满意度（看有无投诉）	0~0.10	
办公区卫生的维护	0~0.05		财务中心：票据的管理规范费用支出	0~0.05 0~0.05	
各种费用的办理及交纳	0~0.05				
合理化建议，工作方法改进	0~0.05				
服务精神、合作精神及责任心	0~0.05				
坚持4小时复命制，工作效率高	0~0.05				
完成上级主管临时交办的工作	0~0.05				
对企业文化的认同度	0~0.05				
小计					
合计					
部门主管		财务主管		其他部门	

表4-9 仓库管理员绩效考核

姓　名		职　务		考核	时间
本部门业务考核	0.70	得分	其他考核	0.30	得分
库房商品安全、防盗、防火	0~0.10		出勤率	0~0.05	
按信用流程发货	0~0.10		加班率	0~0.05	
库房商品摆放整齐、合理有序	0~0.05		其他部门满意度		
每天下班前提交库存表、数据准确	0~0.10		渠道中心	0~0.05	
服务精神、合作精神	0~0.05		商务中心	0~0.05	
坚持四小时复命制，工作效率高	0~0.05		财务中心：资产的管理能力	0~0.05　　0~0.01	
库房账目清楚、实物相符	0~0.05		合理化建议	0~0.05	
协助业务部门做好入库工作	0~0.05				
工作有责任心，任劳任怨	0~0.10				
小　计					
合　计					

表4-10 办公室主任绩效考核表

姓 名	部 门	办公室		职 务		主 管	任职时间	
考评指标	评分标准					权重	资料来源	评分
	远超目标（81~100）	超过目标（61~80）		达到目标（41~60）	低于目标（21~40）			
计划费用的控制率	低于目标10%以上	低于目标5%~10%		介于目标±5%之间	超过目标5%	10%	财务部	
对固定资产的管理情况	管理完善，设备完好，资产无损失，每季度查1次	管理完善，资产基本无损失，每季度查1次，资产损失金额少于500元		财物分明，每季度查1次，资产损失较少，金额少于1 000元	每季度察看少于1次，财务不清，资产损失严重，金额大于1 000元	10%	分管领导、财务部根据检查结果评分	
采购与领用	及时了解物品的需求，合理采购，节约成本在10%以上，领用记录清晰	采购及时，价格合理，掌握库存，定期核对，节约成本在5%		以上采购能满足公司的要求，领用有记录，价格合理	拖延不及时，领用混乱或采购的价格超过正常水平	15%	监察审计部、人力资源部	
大型会议、大型活动	组织有利、效果很好，节约费用在15%以上	组织得力，效果较好，节约费用在10%以上		组织得力，效果较好，费用未超支	组织较混乱，效果差，费用超支	5%	经理室	

（续表）

对车队的管理	安全驾驶，无事故发生，车况可靠	安全驾驶，无事故发生，车况较可靠，全年有2~3次违章处罚	无事故发生，全年有4~5次违章处罚	有交通事故发生，全年有6次以上违章处罚	5%	财务部	
车辆调度	及时、准确、分配合理	较及时、准确，分配合理	基本准确、分配合理	不准确、分配不合理	5%	经理室	
宣传工作、公关效果	在各类刊物上发表30篇以上	在各类刊物上发表25篇以上	在各类刊物上发表20篇以上	宣传稿件发表不足20篇	15%	人力资源部	
满意度	对各单位工作场所的选址和设备订购的支持度	很强□强□较强□一般□弱□			10%	人力资源部（调查测评）	
	公章管理、文字把关和文件归档管理	非常满意□满意□不满意□			5%	人力资源部（调查测评）	
	服务态度（包括后勤保障）	很好□好□较好□一般□差□			20%	人力资源部（调查测评）	
合计					100%		

第4章 [检查到位]

表4-11 综合能力考核表（下级对上级）

评估步骤：

1. 下属单独填写此项评估，不需要和任何人进行讨论。

2. 如果你不是直接由分公司经理领导，那么你需要评估两位领导：你的直接上级以及当地分公司经理。

3. 填写完毕，注明本人姓名和职位，以及被评估人的姓名和职位，独立发送给总部人力资源部。

4. 人力资源部汇总的评估分数和评估意见，暂时作为内部审核参考意见，上交总部的首席执行官，不向被评估人进行反馈。

5. 如果有必要对被评估人进行反馈，我们会先征求评估人的意见。请在以下的选择中打勾注明你的意愿。

可以记名形式_____向被评估人反馈此评估表的内容

可以不记名形式_____向被评估人反馈此评估表的内容

绝对不可以记名形式_____向被评估人反馈此评估表的内容

（人力资源部会将评估人的意见及其结果高度保密）

综合能力 5-非常优秀；4-很好；3-合格／称职；2-需要改进；1-不称职

1. 员工业绩表现评定分数
5分-非常优秀
4分-很好
3分-合格，称职
2分-需要改进
1分-不称职
对上述五个级别评审均需作出评语，对3分以下的评审要提出改进的建议。

2.专业知识	评定
2.1 熟悉工作要求、技能和程序	
2.2 熟悉本行业及产品	

（续表）

2.3 熟悉并了解对其工作领域产生影响的政策、实际情况及发展方向	
2.4 工作中使用工具的熟练情况及专业知识（例如：器材、电脑软件等）	
2.5 了解下属工作及职责	
评语	

3.主动性和创造性	评定
3.1 为达到工作目标而积极地做出有影响力的尝试	
3.2 主动开展工作而非一味被动服从	
3.3 从有限的资源中创造出尽可能多的成果	
3.4 主动开展工作，力求超越预期目标	
3.5 将有创造性的思想加以完善	
3.6 勇于向传统模式提出挑战并进行有创造性的尝试	
3.7 是否善于发现资源、进行完善及富于创造性	
评语	

4.对客户的关注程度	评定
4.1 对内部及外部客户能够坚持关注其期望值及需求	
4.2 掌握客户的第一手资料并用于改进自身的产品及服务	
4.3 对客户的需求进行积极响应并提出改进办法	
4.4 以客户为中心进行交谈并付诸行动	
4.5 赢得客户的信任和尊重	
评语	

第4章 [检查到位]

（续表）

5. 培养及领导下属的能力	评定
5.1 能够建立并保持一个高效的工作集体	
5.2 能够与员工沟通并鼓励下属分享信息资源	
5.3 能够全面、实时并及时地完成工作评估	
5.4 能够经常提供建设性的反馈及指导意见	
5.5 能够协助下属确定未来具有挑战性的目标	
5.6 能够与下属建立双向沟通	
评语	

6. 判断力及时效性	评定
6.1 判断准确并能够同时考虑到其他选择及后果	
6.2 能够及时并根据工作时间表作出判断	
6.3 尽管付诸行动时存在不确定性，但能够面对风险完成工作	
6.4 能够针对严重问题提出解决意见	
6.5 能够判断潜在的问题及形式	
评语	

7. 沟通能力	评定
7.1 能够倾听并表达自己对有关信息的认知	
7.2 能够征求意见并作出积极的回应	
7.3 能够通过书面和口头形式扼要地进行正确表达并产生同样的效果	
7.4 能够撰写高水平的书面材料并进行演示	
7.5 能够确保其书面材料在专业上的可靠性	

（续表）

7.6 能够在有关交谈中引述相关资讯	
评语	

8. 工作责任心	评定
8.1 出席会议发问及遵守时间情况	
8.2 可信度和可依赖度	
8.3 接受工作任务情况及本人对完成工作的投入程度	
8.4 乐于与其他人共事并提供协助	
8.5 能够节约并有效控制开支	
8.6 能够对其他人起到榜样的作用	
评语	

9. 计划性	评定
9.1 能够有效制订自我工作计划并确定资源	
9.2 能够准确划定工作和项目的期限及难度	
9.3 能够预测问题并制订预案	
评语	

10. 工作质量	评定
10.1 对工作中的细节及准确度给予应有的重视	
10.2 能够按时高质量地完成工作	
10.3 准确完成工作并体现出应有的专业水平	
评语	

第4章 [检查到位]

（续表）

11.团队精神	评定
11.1 能够与本组人员一起有效地工作并共同完成本组织工作目标	
11.2 能够与上级和下属分享资讯，乐于协助同事解决工作中的问题	
11.3 能够以行动表达对他人需求的理解以及成就的赞赏	
11.4 能够与他人共享成功的喜悦	
评语	

评估人对被评估人的综合能力概述：
_____

评估人签名：_____

表4-12 绩效考核面谈表

部 门		职 位		姓 名	
考核日期	年　　月　　日				
工作成功的方面有哪些？					
工作中需要改善的地方有哪些？					
是否需要接受一定的培训？					
本人认为自己的工作在本部门和全公司中处于什么状况？					
本人认为本部门工作最好、最差的是谁？全公司呢？					
对考核有什么意见？					
希望从公司得到怎样的帮助？					
下一步的工作和绩效的改进方向是什么？					
面谈人签名				日　期	
备　注					

说明：

1. 绩效考核面谈表的目的是了解员工对绩效考核的反馈信息，并最终提高员工的业绩。
2. 绩效考核面谈应在考核结束后1周内由上级主管安排，并报行政人事部备案。

第5章

[处理到位]

　　PDCA循环的第四个环节是对检查的结果进行处理，认可或否定。

　　具体说来，处理阶段的工作包括：①形成有效的激励方案，以便使下属能够在一个计划期间持续努力。②对错误的行为和个人进行惩处，不要把错误带入到下一个管理阶段。③总结这一阶段的经验教训，找出下一循环的改善要点，把这一轮未解决的问题放到下一个PDCA循环中去解决。

# 奖惩办法的制定原则和流程

有效、公平的奖惩办法可以使员工心情舒畅，为员工发挥积极性和创造性提供极有利的环境条件。许多企业、组织之所以无效率、无生气，归根到底是由于它们的员工奖罚制度出了毛病。

制定奖惩办法有以下几个原则：

（1）公平原则。即物质利益分配和精神奖励，必须符合贡献与报酬相对的原则，才能使员工心理平衡，有公平感，才能激发员工多作贡献。

（2）易于执行原则。在制定奖惩制度时，尽量避免弹性条款。比如对后果和程度进行描述，最好能够作出细化和量化的规定，以便于实际操作和执行。例如，员工的某种违纪行为给公司带来500元以上经济损失，公司就可以解聘责任人等。像这样的尺度和标准明确、直接，易于企业执行。

（3）物质与精神并重原则。奖惩的方式包括物质与精神两个方面，物质方面主要有工资升降、奖金分配、福利分配、职位升降、经济处罚等；精神方面主要有职业定位、评先进、通报表扬、非正式表扬与体现成就感、社会地位等。一个公司的奖惩方式不可能只有一种手段，物质和精神对于员工同等重要。

（4）与时俱进原则。奖惩的尺度应该在不同的时期有所不同，但是却有连贯性。

奖惩的种类分为奖励和惩罚：

（1）奖励分为：嘉奖、授予荣誉称号、记大功、记小功等。

（2）惩罚分为：警告、记过、记大过、开除等。

奖惩的方式分为：

（1）奖励的方式有：通报表扬、奖金、加薪、晋级等。

（2）惩罚的方式有：通报批评、罚金、减薪、降级等。

上述奖惩的种类和方式，不同的企业可以依据自己的自身情况来具体制定。

奖惩应该制定基本的规则，也就是要规定好什么情况下给予什么样的奖励或惩罚。即员工的哪些行为可以记大功、哪些行为记小功、哪些行为要记过。规则要清楚明白，避免模棱两可的语言，使企业便于执行。

奖惩还应该有具体的标准。当员工立了功，是采用精神奖励还是物质奖励，还是两者并用。记大功的物质奖励是多少，记小过的罚金是多少，都要有清晰明确的规则。

奖惩管理一般由人力资源部门负总体责任，但奖惩的行为和绩效依据却要由具体的业务部门的来提供和配合。

具体来讲，人力资源部对于奖惩管理的职责在于：

（1）奖惩核实职责。

（2）兑现奖惩职责。

（3）被惩罚员工思想工作开展职责。

（4）鼓励宣传职责、奖惩登记与考核职责。

业务部门对于奖惩管理的职责在于：

（1）部门员工遵循规章制度的情况统计职责。

（2）奖惩呈报职责。

（3）对被惩罚员工开展思想工作的职责。

（4）奖励宣传的职责。

在以上职责分工的基础上，奖惩的流程可参照图5-1来进行。

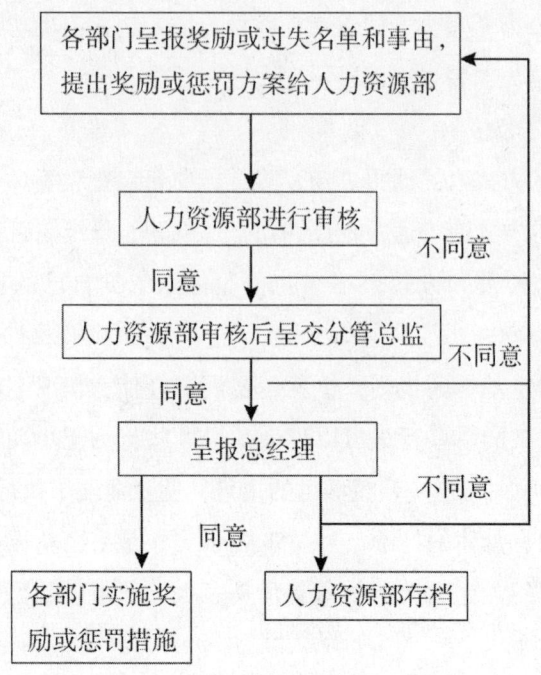

图5-1 奖惩的流程

简言之,作为一个管理者,建立自己正确的(即符合企业、组织根本利益的)、明确的(即不是模棱两可、摇摆不定的)价值标准,并通过奖惩手段的具体实施明白无误地表现出来,是管理管到位的重要方面。

 **对任何人都适用的八大激励法**

1. 尊重激励法

人们常听到"公司的成绩是全体员工努力的结果"之类的话,表面看

第5章 [处理到位]

起来管理者非常尊重员工,但当员工的利益以个体形式出现时,管理者会以企业全体员工整体利益加以拒绝,他们会说,"我们不可以仅顾及你的利益",或者说,"你不想干就走,我们不愁找不到人",这时员工就会觉得"重视员工的价值和地位"只是口号。显然,如果管理者不重视员工感受,不尊重员工,就会大大打击员工的积极性,使他们的工作仅仅为了获取报酬,激励从此大大削弱。这时,懒惰和不负责任等情况将随之发生。

尊重是加速员工自信力爆发的催化剂,尊重激励是一种基本激励方式。上下级之间的相互尊重是一种强大的精神力量,它有助于企业员工之间的和谐,有助于企业团队精神和凝聚力的形成。

我们所说的尊重,是包括尊重自己和尊重别人,或者称为自尊和尊人。什么是自尊呢?自尊就是自我尊重,表现为人对自我行为的价值和能力被他人及社会承认或认可的主观要求,是个人对自我价值和尊严的追求。自尊既包括对获得信心、能力、本领、成就、独立和自由等的愿望,也包括来自他人的敬重,如威望、承认、接受、关心、名誉地位和赏识等。尊人,是指尊重他人、社会和自然。这里体现出尊重的二重性,即人不能独立于社会而存在,因而确定了个人与社会的统一性,也就是体现了自尊和尊人的互动性。

人要想得到尊重、得到发展,就必须不断地调整自己和社会的关系,如社会认识关系、社会实践关系,其本质就是价值关系。一言以蔽之,如果你不尊重他人,你也不可能获得他人的尊重。

尊重激励作为激励员工的方法,有两个很突出的特点:一是最人性化;二是最有效。企业管理者要注意尊重每位员工,对待员工要有礼貌,不嘲笑任何一位员工,不轻视他们,尊重员工的人格,认真听取员工的建议,让他们感到自己对企业的重要性。

作为企业的管理者,如何才能真正有效地做到尊重下属呢?日本的管理大师松下幸之助便是这方面的高手。我们来看看他的做法。

有一天，松下幸之助在一家餐厅招待客人，一行人都点了牛排。待他们都吃完主餐后，松下幸之助便让助理去请烹调牛排的主厨过来。

助理这才注意到，松下幸之助的牛排只吃了一半，心想过一会儿的场面可能会很尴尬。

主厨很快就过来了，他的表情很紧张，因为他知道请自己来的人是大名鼎鼎的松下幸之助。

"有什么问题吗，先生？"主厨紧张地问。

"对你来说，烹调牛排不成问题"，松下说，"但我只能吃一半。原因不在于厨艺，牛排真的很好吃，但我已80岁高龄了，胃口大不如以前。"

此时，大家都困惑得面面相觑，过了一会才明白这是怎么回事。

"我想当面和他谈，因为我担心他看到吃了一半的牛排被送回厨房，心里会很难过。"

如果你是那位主厨，听到松下幸之助如此说，会有什么感受？是不是感觉备受尊重？

松下幸之助的故事带给了我们有益的启示：作为一名企业管理者，你应该尊重你的员工，让他感觉到他在企业中是有所作为的，是能得到上司肯定的。如果你这样做了，那么他就会回报你更多的东西。

通过尊重员工达到激励的目的，要从以下11个方面做起。

（1）用建议取代命令。很多企业管理者，总以为自己手里有权，就可以在别人面前指手画脚，发号施令；就可以对手下人颐指气使，呼来唤去；就可以靠在软绵绵的椅子里，指挥手下去干这个，去干那个。其实，没有人会喜欢这种命令的口气和高高在上的架势！

有些企业管理者总以为自己是管理者就有权力这么做。可是，你要明白，尽管你是管理者，他是小职员，但是，在人格上你们两个是平等的。所不同的，只不过是你们的分工不同、职务不同，而不是在你和他个人之间存在着什么高低贵贱的区别。就算是管理者比下属拥有更多的权力或是其他什么东

第5章 [处理到位]

西,那么也是由"管理者"这个职务带来的,而不是你自身与生俱来的!

所以,作为企业管理者,如果想让下属用什么样的态度去完成工作,自己就应该用什么样的口气和方式去下达任务。

在日常的管理工作中,管理者应该多用"建议",而不是"命令"。这样,你不但能使对方维持自己的人格尊严,而且能使人积极主动、创造性地完成工作。即便是你指出了别人工作中的不足,对方也会乐于接受和改正,与你合作。

有一个员工这样说自己的管理者:"他从来不直接以命令的口气来指挥别人。每次,他总是先将自己的想法讲给我听,然后问道:'你觉得这样做合适吗?'当他在口授一封信之后,经常说:'你认为这封信如何?'如果他觉得助手起草的文件需要改动时,便会用一种征询、商量的口气说:'也许我们把这句话改成这样,会比较好一点。'他总是给人自己动手的机会,他从不告诉他的下属如何做事;他让他们自己去做,让他们在自己的错误中去学习、去提高。"

可以想象,在这样的管理者身边供职,下属一定会感到轻松而愉快。这种方法维护了下属的自尊,使下属以为自己很重要,从而希望与你合作,而不是反抗你。

迈克尔·约翰是一家小厂的高层管理者。有一次,一位客户送来一张大订单。可是,他们工厂里的活已经安排满了,而订单上要求的完成时间短得使他不太可能去接受。

可是这是一笔大生意,机会太难得了。迈克尔·约翰觉得很矛盾。但他没有下达命令要员工加班加点地干活来赶这份订单,而是召集了全体员工,对员工解释了具体的情况,并且向他们说明,假如能准时赶出这份订单,对他们的公司会有多大的意义。

"我们有什么办法来完成这份订单呢?"

"有没有人有别的办法来处理它,使我们能接这份订单?"

"有没有别的办法来调整我们的工作时间和工作的分配,来帮助整个公司?"

员工提供了许多意见,并坚持接下这份订单。他们用一种"我们可以办到"的态度来得到这份订单,并且如期出货。

迈克尔·约翰的这一招很高明。他没有直接下达死命令,让员工一定要在有限的时间里完成任务,而是充分地尊重下属,把他们召集起来,调动他们的积极性,激发他们的潜能,让他们去主动而非被动地接受命令,把"要他做的事情"变成"他要做的事情"。

所以,如果你要向下属下达命令,让他们做你想要其做的事,或是要其改正错误,那就避免使用"命令"的口吻,不妨试试"建议"的方法。

(2)把员工作为合作伙伴。企业是由其成员组合而成,企业的所有者、总经理与员工,在人格上是平等的,在工作上只是扮演的角色不同而已,离开谁都难以成事。因此,员工是管理者的工作伙伴,应以"同事"来称呼他们,这不仅仅是称谓的问题,更重要的是尊重的问题。

(3)对员工说话要有礼貌、客气,避免采用命令式的语气。管理者不能对员工指手画脚,甚至犯点小错误就横加指责。要公平对待每位员工,不能对性格内向的员工多加指责,即使在自己心情很差的情况下,也要心平气和地对待每个人。在工作中,管理者对员工应该肯定多于批评,员工在被肯定之后会有更多的工作热情及创新。不可以乱骂员工,每一次责备都会使他们萎缩一次。有更多的自我期待,就会有更多的自我表现。美国科学家富兰克林说过:"人总是向被肯定的方向求发展。"所以,管理者尽量以建议来代替批评,效果会比较好。

(4)对员工一视同仁。身为团队领导的你不应被个人感情所左右。不要在一个员工面前,把他与另一个员工的工作相比较,也不要在分配任务和利益时有远近亲疏之分。而且对每个人说话的语气要公平一致。这意味着,每个人,包括你自己在内,都要遵守工作标准,在你的团队里,恐吓与歧视是

第5章 [处理到位]

被禁止的。当你有求于部下时,应该尽量避免以命令的口吻,应该抱着咨询的口吻去谈。同样是"你去做这件事"一句话,由于语调的不同,给人的感受就会有很大的差别。对于领导的谦虚,敏感的下属不会浑然不觉的。

(5)尊重员工的私人时间。在许多公司里,大家下班后都不愿很快离开,有些人即使下班后没有事做也要在办公室里多留一会。当自己一天的工作没有完成时应该留下来做完,但没有事情也留在办公室里,表现出一种以公司为家的样子,这是和企业老板的喜好有关的。其实,作为企业的管理者,一味地要求员工有着同等的工作热情,总是希望员工加班(因为管理者就是这样),希望员工晚上带工作回家做(因为管理者就是这样),还希望员工可以为了工作牺牲家庭(因为管理者就是这样),甚至希望员工能将工作视为生命的重心(因为管理者就是这样)。是的,身为企业管理者当然要以身作则,树立典范,但是不要忘了,以身作则并不代表要以此暗示员工,要求他们做到你所"示范"的每项事务。大部分员工都希望享受工作,有很高的工作效率及很大的贡献,能力受到肯定,得到应得的薪水;而下班之后他们也可以暂时忘掉工作,享受家庭的温馨,与三五好友聊天,参与某些活动,他们不希望1天24小时时时挂念着工作。企业管理者应该尊重员工这个人性的需求,在下班后要求员工工作上的事项尽可能避免,如无法避免也应以麻烦别人的心情和员工来商量。这样做,既能完成工作任务,又能达到激励员工的目的。一举两得,何乐而不为呢。

(6)尊重和包含差异。在工作场所中,总是充满形形色色的人,即有各种背景的人、有各种性格的人、有不同生活经验的人,管理者应尊重个别的差异并找出共同点。当员工选择一种生活方式时,作为员工的领导,可以内心不认同,但没有权力去贬低别人,管理者要学会接受别人与自己的不一样。一个好的企业文化是能包含不同个性,塑造共同价值观的文化。人人生而不同,但对工作都会有独特的贡献,身为企业管理者,要学会用不同的方式管理不同的人,切不可只用一种人、一种方法来做事。要承认人的最大特点是人与人之间存在差异，克服自己的偏见，这样才能使企业更和谐，也更具效率。

（7）尊重员工的才能。当员工在工作上犯错误后，管理者不能用藐视的语气加以指责，特别是对待毕业后刚参加工作的年轻人，更不能嘲笑他们，要多给他们以鼓励，让他们积极地投入工作中去。

（8）尊重每位员工的贡献。无论这些贡献是大是小，是多是少，都不应该忽视他们对团队所作出的奉献。打扫工作区环境卫生的保洁员，或是修理机器小部件的修理工，都是团队取得成功的必不可少的一部分，管理者要让他们感觉到自己的劳动很重要，给予他们认同感。

（9）尊重员工的不同意见。当员工提出自己的意见时，管理者要认真听取，让员工觉得管理者是可信任的，对组织有归属感。人才流动的频率高不高，好的人才能否留住，也是某些企业考核管理者业绩的标准之一。管理者不能因为部下的工作能力比自己强就把人拒之门外。

企业管理者不愿听取员工意见的大致原因是认为员工能力不足，其意见不具备参考价值。其实这种想法是错误的。员工的能力较你弱或许是事实，但并非他的每个意见都不高明，有些意见可能对方案有补充作用，或者管理者可以通过这些意见本身了解员工在执行中会有什么心态及要求。总之，无论从哪个角度讲，管理者都有必要认真倾听员工的不同意见，因为一个人考虑问题不可能十全十美，况且，就怎样做成一件事来说也很少有标准答案，我们要的是结果，如果大家齐心协力共同完成一个任务，这不是很开心的一件事吗？

（10）尊重员工的人格，不开与员工人格有关的玩笑。对残疾人，或者是在对身高、长相、视力等生理方面有缺陷的人，不能当众或背地里取笑。一个管理者能否恰当地运用尊重激励法，是他修养素质的体现。为人谦逊、随和、低调、有礼貌是管理者必备的素质修养，无论管理者的权力、学历、职位多高，也要靠自己的团队协作，单枪匹马是不可能做好工作的。所以管

第5章 [处理到位]

理者一定要尊重员工,这样才能促使他们积极思索,锐意进取。

(11)尊重员工的选择。员工有选择工作的自由,不可将员工的辞职视为背叛。员工选择了来企业工作,那么帮助他们个人成长就是你应尽的义务;切不可把员工的成长当成你施恩的某种结果,并要求员工不断地给予回报,这实际上是典型的封建君臣思想的体现。作为管理者,你需要的是接受员工的选择,对员工的离职应做到"人走茶不凉"。

"山和山难相连,人和人常相逢",企业管理者是否有雅量可以从其对待离职员工的态度中展现出来。

2. 情感激励法

情感激励是从员工的感情需要出发,通过情感上的关心、尊重、信任来满足员工精神上的需求,从而激发员工的工作热情。一般来说,人的情感决定了人的价值取向和心理强度。"滴水之恩,当涌泉相报"是我们中华民族的传统美德,"投桃报李"更是人之常情,而员工对领导的情感需求又很容易得到满足。有位员工对他的同事说:"我今天在路上遇到了总经理,他居然主动跟我打招呼,而且还叫出了我的名字,我真是太感动了!"其实,员工对领导的要求就是这么朴实,这么简单!

企业要蒸蒸日上,就一定要在控制人心上下工夫,以我心换你心,以爱心换诚心,以真心换忠心,只要员工和企业一条心,还有做不到的事情吗?

在当今社会,企业管理者不但要做员工的上司,管理他们,下班之后还要成为他们的朋友,成为他们的伙伴,与员工共同分享成功的喜悦和生活中的欢乐。如果管理者不假思索地拒绝员工的邀请,就会降低自己的威信。

"李科长,今天我们科里的同事约好一起去市工人文化宫舞厅,庆贺小高夜大毕业,请您一起参加好吗?"科员小赵笑容可掬地对李科长说。

"哎呀,我可不会跳舞,免了吧。"李科长也笑容可掬地说。

后来,李科长陆续接到了几次类似的邀请,但都拒绝了。自此,李科长再没接到过诸如此类的邀请。本来,他也没把这事放在心上,他还以为下属没再搞过类似的活动呢。但有一天，当他来到一家酒楼喝外甥的喜酒时，意外地发现下属的科员正团团圆圆坐成一桌，又吃又喝，又说又笑。当发现了邻桌的李科长时，彼此的神情都非常尴尬。

李科长这才想起，下属这些日子以来同自己一直是疏远的。有时，他明明听到办公室里人声鼎沸，正在热烈地讨论什么事情，但只要他一跨进去，立刻变得鸦雀无声。即使上班时间未到，每个人也都正襟危坐在自己的办公桌前，不苟言笑。他有时也想说些亲切的话，把气氛搞得轻松点，但回答他的总是一张张讪讪的笑脸。

李科长不明白这是为什么，但其实问题就出在他总是拒绝参加下属的那些活动上。首先，他没有明确地表示应该去和很想去。其次，也没有提出充分的理由说明他为何不能去。他只说不会跳舞，这显然是个借口。要知道，下属让他参加一次"活动"，并不一定要他跳舞，更没有要求他会跳舞。"不会跳"，可以不跳，或者学着跳，却不应成为"不去"的理由。所以，下属便以为李科长是在摆架子，认为他在强调自己的地位和大家不一样，不屑与大家同乐。自然，他们也就不会再有和李科长亲近的感觉和愿望了。李科长虽是下属的上级，但下属都对李科长敬而远之。

事实上，李科长那个部门的科员后来曾不止一次地搞过活动，但都是瞒着李科长的——也免得他又要找借口。说不定他拒绝参加还意味着压根儿反对这种活动呢。这就是李科长与他的下属疏远的原因。

作为企业的管理者，参加下属的活动是接近和了解他们的绝好机会，也是联络感情的好时机，千万不要错过。在酒席上、舞厅里，你可以听到许多平时绝对听不到的话；下一盘棋，跑一次接力，与下属联络感情的作用也可能远胜于一次谈话或家访。一个与下属在感情上有隔膜的、对下属情况又不甚了解的领导，无论如何是不会真正有威信的，至多也是有威无信罢了。

当然，不是说下属有活动就一定要参加。但你必须把不能去的理由向

第5章 [处理到位]

下属说明。对于那些不健康的活动，比如说赌博，就要劝阻下属杜绝这种活动。

还有一点也须注意，管理者参加下属的活动，必须自掏腰包，以表示自己是普通一员。活动中也要放弃指挥的习惯，让下属充分发挥。有时候，装装"小三子"，会大有好处。

据说某位专职训练马拉松选手的教练为了照顾选手，不惜将自己每个月的津贴拿出来贴补选手，不仅如此，他还将自营的工艺店的大部分收入及演讲费等，投资在选手身上。

就此看来，与其说他们是师徒关系，不如说是站在同一条线上，为了同一目标而努力的伙伴。在这些选手的心目中，教练不但是他们的伙伴，也是盟友。

从点滴做起，付出一点感情，注意一些小事情，让员工在不经意间感受到管理者对自己的关怀，这是善于激励员工的管理者的共同特点。

作为管理者，应该多花一些精力去关心一下你的下属。例如，下属大病初愈后头一天来办公室上班，难道领导对他的到来应该面无表情、麻木不仁，不加半句关切询问，没有一句问候的话语吗？

一些小事足可以折射出管理者的品质，员工会通过一些鸡毛蒜皮的小事，去衡量评判领导的为人。小事往往是成就大事的基石，这两者之间是相互联系、相互影响、相辅相成的。管理者要善于处理好这两方面的关系，使两者相得益彰。

其实，只要时刻抱着关爱员工的信念，你就会发觉，一切都可能是你获得员工信赖和支持的途径。

（1）留意节日与员工的生日。节日庆祝与生日礼品不仅仅意味着对员工的关怀，还可以调剂工作氛围。在传统节日到来的时候，管理者可以依据节日内容的不同搞一些适当的活动，如春节的红包、儿童节时送给员工孩子的礼物、中秋节的月饼等，将关怀一点一滴地送出。

现代人都习惯祝贺生日，生日这天一般都是家人或知心朋友在一起庆祝。聪明的管理者善于"见缝插针"，使自己成为庆祝的一员。有些管理者惯用此招，每次都能给下属留下难忘的印象。或许下属当时体味不出来，而一旦换了管理者有了差异，他自然而然地会想到你。

（2）关注员工的健康状况。对员工健康状况的关注已不仅仅局限于"医护室"的设立，很多知名企业为本公司员工聘请专业的健康咨询公司，其任务就是定期检查员工的身体及精神健康状况，为每个员工量身订制健康计划，从举办健康讲座到公司全员的健身计划。有些企业还与健康中心或当地的健康俱乐部联系，为员工的个人健身提供便利。

（3）下属住院时，亲自探望。一位普普通通的下属住院了，他的上司亲自去探望时，说："平时你在的时候感觉不出你作了多少贡献，现在没有你在岗位上，就感觉工作没有了头绪、慌了手脚。安心把病养好吧！"结果，这个下属感动不已，出院后十分卖力，为他的公司创造出更多的业绩。

有的管理者就不重视探望下属，其实下属此时是"身在曹营心在汉"，虽然住在医院里，却惦记着管理者是否会来看望自己，如果管理者不来，对他来讲简直不亚于一次打击，不免会嘀咕："平时我干了好事他只会没心没肺地假装表扬一番，现在我即使死了他也不会放在心上，真是卸磨杀驴。没良心的家伙！"

（4）不要忽视工作餐。午餐对于员工来说，是一日三餐中最重要的。很多员工早餐吃得匆匆忙忙，晚上可能还要加班，将晚餐时间拖后，所以午餐的营养如何对员工的身体健康来说至关重要。现在很多企业都为员工提供免费的工作午餐，有的企业将午餐外包，有的企业设有专门的配餐部门，但无论是哪些形式，企业领导对午餐的营养搭配、品种选择都要予以关注。必要的时候，企业管理者应该请专门的营养师进行营养调配，当然，有个性化的营养摄入指导是再好不过的了。

（5）保证员工的工作安全。强调安全工作是对员工生命的尊重和关心，

第5章 [处理到位]

仅在口头上空谈安全的重要性是远远不够的。安全信息必须不折不扣地传达到一线，设立规章制度，并确保执行。一般来讲，一线领导对于安全责任制度应予以明确。"人"才是企业最宝贵的财富，当工作效率与安全问题发生冲突时，要坚持安全第一的指导思想。

（6）提供舒适的工作条件。员工选择工作团队的时候，工作条件是否舒适是重要的参考因素之一。办公地点的选择、办公环境的布置、上下班班车舒适与否、员工专用停车位的设置等都是员工所要考虑的因素。在企业的某个角落设一个小小的吧台，柔和的灯光下可以看看最近的杂志，对于员工来讲绝对是很大的诱惑。其实大多数的员工对工作都怀有一点小小的虚荣，很多企业在招聘过程中突出工作条件的优越，也是抓住了大家这样的一个心理。

（7）关心下属的家庭和生活。家庭幸福和睦，生活宽松富裕，无疑是下属干好工作的保障。如果下属家里出了事情，或者生活很拮据，领导却视而不见，那么对下属再好的赞美也无异于假惺惺的作态。

有一个电子公司，其职员和领导大部分都是单身汉或家在外地，就是这些人凭满腔热情和辛勤的努力把公司经营得红红火火。该公司的领导很高兴也很满意，他们没有限于滔滔不绝、唾沫横飞的口头表扬，而是注意到员工没有条件在家吃饭，吃饭很不方便的困难，就自办了一个小食堂，解决了员工的后顾之忧。当员工吃着公司小食堂美味的饭菜时，能不意识到这是领导在为他们着想吗？

（8）避免一切歧视。员工可能来自于四面八方，个体上存在着差异，而且，对于每个人来讲，都有自己的优势，也都存在着自身的劣势。作为团队管理者，要着重强调对于歧视行为的否定，一旦发生，要严格予以批评；否则，将会为此付出员工离职的代价。工作中的歧视一般会发生在口音、身高、体重、皮肤、教育背景、居住地区、婚姻状况、人际关系、口头语等方面。不要因为这样的歧视行为而吓走或赶走优秀人才，一旦发现这种情况，团队管理者要立即采取果断措施来清除歧视，并明确表示给相关人"呐喊"：这样的歧视是绝对不容许的。

（9）抓住欢迎和送别的机会表达对下属的关心。调换下属是常常碰到的事情，粗心的管理者总认为不就是来了个新手或者走了个老部下吗？员工来去自由。这种思想很不可取。

善于体贴和关心下属的管理者与口头上的"巨人"的做法也截然不同。当下属来报到上班的第一天，口头上的"巨人"也会过来招呼一下："小陈，你是北大的高才生，来我们这里亏待不了你，好好把办公用具收拾一下！"

而聪明的领导则会悄悄地把新下属的办公桌椅和其他用具收拾好，而后才说："小陈，大家都很欢迎你来和我们同甘共苦，办公用品都给你准备齐全了，你看看还需要什么，尽管提出来。"

同样的欢迎，一个空洞无物，华而不实；另一个却没有任何恭维之词，但管理者的欣赏早已落实在无声的行动上，孰高孰低一目了然。

下属调走时，彼此相处已久，疙疙瘩瘩的事肯定不少，此时用语言表达领导者的挽留之情很不到位，也不恰当。而没走的下属又都在眼睁睁地看着要走的下属，心里不免想着或许自己也有这么一天，领导者是怎样评价的呢？此时领导者如果高明，不妨做一两件让对方满意的事情以表达惜别之情。

罗马不是一天建成的。任何事情的发生都不是偶然的。在人的精神世界，那些最大的波澜、最响的雷声，往往是由最细微的行动引起的，这就需要管理者从平常的一点一滴做起，从小处着手，用心去做好每件小事，由此才能达到"润物细无声"、"四两拨千斤"的效果。如果管理者能够在许多平凡的时刻，经常用"毛毛细雨"灌溉员工的心灵，用情感激励员工，员工定会在感动中为企业打拼。

（10）协助员工搞家务。北卡罗来纳州的威尔顿·康纳包装公司雇佣了一位有经验的工人，专门协助员工搞家务：粉刷油漆房屋、疏通下水道，甚至加建房间等。所有这些服务项目都只收材料成本费。

第5章 [处理到位]

（11）照顾员工的家人。愈来愈多的公司认识到，为员工提供对孩子和老人的照顾非常重要。有些先进的公司，如兰堪斯特实验室、宾夕法尼亚制造商和加利福尼亚制鞋商等，都在厂内设立托儿所。

（12）为员工的孩子们付学费。纽维尔公司为工作5年以上的员工的孩子们支付大学学费。公司总裁理查德·弗兰克说："如果我们减少了员工对孩子大学学费的担忧，他们就会更集中精力，生产力也会提高。我们重视员工，这是把他们留住的好办法。"

（13）飞机取的都是员工孩子的名字。关怀员工的家庭是赢得他们人心的重要方法。联邦快递公司曾用员工孩子的名字来命名公司的飞机。当这架飞机举行命名典礼时，公司让孩子全家一起参加飞行。

（14）鲜花的力量。德尔塔航空公司的总部办公室在员工生病或家中有丧事时会送上一束鲜花以示慰问。艾奥瓦州德蒙因城的汤赛工程公司是一家肉类加工机械制造厂，每年都能给所有员工的亲友和情人送去价值50美元的鲜花，其费用由公司支付。

（15）弹性工作制。由于家庭和个人的需要，越来越多的员工不愿意再按照传统的工作方式进行工作。企业管理者要懂得体贴员工的这种苦衷，除了上述几种方法外，还可以实行富有弹性的工作制度，满足员工个人需要，使之更好地发挥自身的作用。

所谓弹性工作制，就是员工在确保完成工作任务的前提下，有更多的可供自己自由支配的时间和更大的工作灵活性。弹性工作制的好处很多，它可以使员工兼顾家庭、工作，并能使员工工作的积极性和服务态度都得到明显的改善。员工得到企业管理者的支持越多，他对企业的忠诚度也就越高，愿意为企业付出的也就越多。尤其在优秀人才成为"香饽饽"的今天，管理者懂得并体贴员工的苦衷，这将使员工和企业保持和谐的关系，为员工充分发挥自己的才华创造了一个良好的环境，成为企业管理者激励员工的一个更好、更有效的手段。

（16）要摸清下属的基本情况。管理者要时常与员工谈心，关心他们的生活状况，对生活较为困难的下属的个人和家庭情况要心中有数，要随时了解下属的情况，要把握下属后顾之忧的核心所在，以便对症下药。

（17）管理者对下属的关心必须出于一片真心。管理者必须从事业出发，实实在在，诚心诚意，设身处地地为下属着想，要体贴下属，关怀下属，真正地为他们排忧解难。尤其是要把握好几个重要时机：当重要下属出差公干时，要帮助安排好其家属子女的生活，必要时要指派专人负责联系，不让下属牵挂；当下属生病时，管理者要及时前往探望，要适当减轻其工作负荷，让下属及时得到治疗；当下属的家庭遭遇不幸时，管理者要代表团队予以救济，要及时伸出援助之手，缓解不幸造成的损失。

（18）管理者对下属的帮助也要量力而行，不要开出实现不了的空头支票。管理者分担下属的困难要本着实际的原则，在力所能及的范围内进行。帮助可以是精神上的抚慰，也可以是物质上的救助，但要在企业团队财力所能承担的范围内进行。

对于困难比较大的下属，管理者要尽量发动大家进行集体帮助，必要时可以要求社会伸出援助之手。同时，管理者还要处理好轻重缓急，要依据困难的程度给予照顾，不能"撒胡椒面"搞平均主义，要多"雪中送炭"，少"锦上添花"。

现代社会工作压力大，员工流动频繁。安稳的生活环境和安定的家庭成了员工安心工作的保障。大多数员工的内心中都求安惧变，因此，团队管理活动必须顺应员工的这一心理，管理者要让下属感到安稳。要做到这点，就必须帮助下属解决他们的后顾之忧。

关心下属、解决下属的后顾之忧是调动下属积极性的重要方法。如果你是这样一位企业管理者，不仅受关心的人会感激不尽，你还会感动其他的员工。作为一位企业管理者，自己要对职工关心施爱，这样做特别有利于自己团队力量的凝结。

3. 赞美激励法

在生活的点滴中,每个人在一定的环境下都有赞美、鼓励他人,抑或自己成为被赞美、被鼓励对象的经历。赞美,在对方做出取得成果时,我们加以肯定表扬,有勉励他们再接再厉、再创佳绩的意思;鼓励,在对方受到挫折、不如意时,我们给予支持,给予力量,让其树立自信相信自己,以帮助其渡过难关。

南非有一个古老的小村庄叫巴贝姆村,这个村里保留了一个古老的传统,那就是当有人犯错误或做了对不起别人的事情的时候,这个村里的人对他不是批评或指责,而是全村人将他团团围住,每个人一定要说出一件这个人做过的好事或者是他的优点。村子里的每个人都要说,不论男女老幼,也不论时间长短,一直到再也找不出他的一点点优点或一件好事。犯错的人站在那里,一开始心里忐忑不安或怀有恐惧、内疚,直到最后被众人的赞美感动得涕泪交流。众人那真诚的赞美和夸奖,就如一服良药,洗涤掉他的坏念头和坏行为,使他再也不会犯以前犯过的错误。赞美是使人际关系走向融洽的法宝之一,人人都需要赞美。

"人人都喜欢称赞。"美国历史上的伟大总统林肯曾这样说:"人类本质上最殷切的需求是渴望被人肯定。"美国口才学家威廉·詹姆士说:"人性最深刻的原则,就是恳求别人对自己加以赏识。"美国钢铁公司首任总裁夏布曾说:"促使人将自身能力发展到极限的最好办法,就是赞赏和鼓励。"他同时还指出:"来自长辈或上司的批评,最容易使一个人的志气丧失,我从不批评他人,我相信奖励是使人工作的原动力。所以,我喜欢赞美。假如说我喜欢什么,那么就是真诚慷慨地赞美他人。"称赞是激励员工工作的动力,哪怕只是一句简单的赞语,都会使人感到无比温暖。

美国年利润高达6亿美元的玫琳·凯化妆品公司经理说过这样的话:"有两件东西比金钱和性更为人们所需要——认可和赞美。"的确如此,金钱可以调动员工的积极性,但赞美在这方面则表现得更为有力。

每个人都有自尊心和荣誉感，当管理者赞美员工时，不仅使他感到他的价值得到了承认和重视，同时也使他的自尊心和荣誉感得到了满足，从而使员工产生一种积极进取的精神。他们会以加倍的热情努力工作。这也正是企业所梦寐以求的效应。

有些管理者在管理过程中对"赞扬员工"有着一种担心。他们认为赞扬个别员工会使他们自我陶醉，滋生懒惰，不思上进。同时也怕其他员工在背后议论，说他们对员工不能一视同仁，对员工不平等。其实这种担心是多余的。每个人都渴望得到赏识，得到赞美，无论是身居高位还是地位卑微，也无论是刚入公司的小青年，还是即将退休的老员工，概莫能外。

在人们的眼里，上帝算得上是人之精华了，但他同样需要人们的赞美。赞美能使百年冤仇顷刻顿消，赞美能使古板呆脸增添笑容。在人们普遍地希望能得到别人的赞美时，对于赞美他的人，自然也就容易接受。在人们希望能得到别人的赞美时，担心是可以完全打消的。被赞扬的员工不但不会骄傲，反而会为受到赞扬而更加努力。

赞美是需要发自内心的、真诚的。当然还有最根本的一点，就是要基于事实，切莫虚夸、枉夸。老板赞扬员工，一定要在员工的工作成绩达到该赞扬的程度时才赞扬。只有这样，员工才会产生无限的喜悦和神圣的使命感，感到自己得到应有的承认，因而更加努力地去工作。

赞美或赞扬的价值在于真诚，即是说它不需要廉价地拍卖。不要以为赞扬便是"灵丹妙药"，包医百病。在员工没有好的表现和成绩时，你认为随便对其施加一通赞扬，员工便会信以为真而激发工作热情吗？很显然，若一开始他们还有所顾虑的话，他们很快就会不理睬你的话。因为他们认为你在搞阴谋，刻意讽刺。这是会影响管理者在员工中的形象和权威的。

赞美源于事实。没有事实根据，虚无的赞美不仅不能起到激励作用，反而会让员工不信任你。管理者一旦有虚无的赞美，会让员工感到管理者是伪君子，使员工产生被捉弄感。在赞美时，语言要发自内心，这是很严肃认真

第5章 [处理到位]

的,不能给人以造作感和过于随意感。如果管理者在赞美员工时漫不经心,一边读报、喝茶,一边说着几句赞美的话,不但不会起到赞美的效果,反而会引起员工的反感,认为你是在敷衍他,对他不尊重。久而久之,即使当你严肃认真去赞美员工时,员工也会不在乎和不理睬。"人不畏惧倒下,但最怕人格和威信再也树不起来。"而人格和威信的"倒地"就在不经意的琐事中。因而,赞美不能不关痛痒,赞美更要显出真诚。

另外,以非常公开的方式单独对一个人进行表扬,会使赞美的效果更加显著。一位国外的企业家说:"如果我看到一位员工杰出的工作,我会很兴奋,我会冲进大厅,让所有的其他员工都看到这个人的成果并且告诉他们这件工作的杰出之处。"这位企业家发现员工的成果后及时给予表扬,并示之以大家的做法,会使其他的员工暗暗憋上一股劲,你追我赶,你赶我跑,形成良好的工作氛围,使整个企业在一件小事上得到最大的受益。与此相反,这位企业家如果不对员工进行公开表扬,只是私下对这名员工说:"你干得很好,我很满意。"也许暗暗努力的只有这名员工自己,其他人根本就不知道怎么回事,自然起不到激励其他员工的作用。

一般人都尊重领袖,自己内心也有一种领袖感。企业里的每位员工都是愿意"脱颖而出"的,管理者当众进行表扬是让他们"出",有了成绩的员工被表扬,就等于在企业中树了一个榜样。

企业管理者应该以定时的表彰大会和随时的现场表扬相结合的方式,对工作优秀、有突出成绩的员工给予定时或及时的认可和赞赏,并在适当的情况下加以奖励。就表彰的形式而言,应该以个人的表彰为主。尽管有时成绩是集体努力的结果,但赞美最好是个别的,只有这样才能更大程度地激发员工的热情,发挥他们的创造性。在表彰之后的员工闲聊中,管理者会发现,大家所讨论的焦点往往是优秀个人,而对集体只是在吹捧中才派上用场的。因此,赞扬不仅要公开化,还要具体化。

赞美的目的是通过满足员工的自尊心和荣誉感,从而激发员工的积极性和创造性。但在表扬和称赞时，企业管理者一定要根据具体的情况来选择语言，采取不同的赞美方式。

曾任卡内基钢铁公司董事长的高级经营家查尔斯·施瓦普就说过："我很幸运地具有一种唤起人们热忱的唯一有效的方法，就是赞美和奖励。没有比受到管理者批评更能扼杀人们的积极性的了。我绝不批评人，而是激励人自觉地去发挥他的作用。嘉许下属我从不吝啬，而批评责备却非常小气。只要我认为某人出类拔萃，就会由衷地给予赞美，并且不惜拿出所有的赞词。"

（1）赞美是一种兴奋剂。赞美启发人的内在动机，激发人的内在动力，增强人的自身活力。这是一种由外在动力转化为内在动力的很好形式。

（2）赞美具有催化作用。任何单位要推动工作进步，都必须调动起员工你追我赶的竞争热情。自然，所谓竞争不一定就是有形的、外在的，重要的是内在意识。而要想发挥团队的竞争优势，就必须运用赞美这个手段，向所有有进步、有贡献的人，或是与你真诚合作的人，哪怕是在某一个很小的方面，由衷地献上你赞许的语言、肯定的评价、真诚的鼓励，这会催动员工想再次听到赞美的欲望，作为反馈信息，强化人的后继行为。

（3）赞美具有评价功能。它使自卑者鼓起勇气，使游移者确定方位，使盲目者找到目标，使软弱者坚定意志，使成熟者强化自身。赞美的评价作用，要求人们把赞美的着力点放在赞美对象的不同状态中的不同特点上。

（4）赞美可以使人扬长避短。每个人都有自己的优势、特长。管理者对员工进行赞美激励，这种正面强化可以使员工增强自己的优势动机，发挥扬长避短的作用。

（5）赞美和行动成正比。评价越快，进入行动越早，赞美越有速度效益。

（6）赞美使人的偶然行为变成持久的行动。人对自己的优势、特长，包括许多具体细微的长处和特点，并不都是很清楚的，而且有些优势、特长还可能处在萌芽阶段。管理者一旦发现它们便予以肯定，这就起到了提示对方

第5章 [处理到位]

增长优势、扩大特长的作用。通过多次反复地赞美激化，人的外在行为会变成内在素质，产生持久的行动。

对别人的有益行为进行毫不吝啬地赞美，抓住周围每个人的优势、特长，为人们提供精神动力，这无形中要求管理者要尽可能多地深刻了解下属和群体的优点和长处。管理者在自己的工作中，要用好这个激励的"驱动器"，把赞美普及到每个员工身上。

对一个人进行表扬、称赞都是因为他在某方面令人满意，虽然这一点相同，但赞美很有讲究，具体是哪一方面值得赞美，在什么地点进行赞美，对谁进行赞美，这许多的差异，便要求管理者熟练地掌握赞美的语言。

一是赞美什么。赞美一个人，当然是因为他有出色的表现，但是出色在哪一方面却有所不同，有的人在本职工作中表现突出，取得了出色的成绩。而有的人会在本职工作以外有突出的专长和表现。对这两种情况，称赞和表扬应该有所不同，对于本职工作有突出表现者，管理者对他的成绩进行表彰，会使他更努力于本职工作，并且使他对自己的成绩有成就感，在一般情况下，该表彰可以起到比较好的效果，但是对于工作以外的成绩，赞美便要慎重一些。

有的管理者对于工作以外的才能表现突出的员工，会这样赞美："你来做现在的工作，真的走错了路，做那份工作会更适合你的，你在这方面懂的真多呀。"这种赞美无异于给员工下了逐客令，很容易让人认为你在暗示他不适合于现在的工作，这对员工的伤害更大。

但如果你说："想不到你还是个多面手！本职工作做得好，其他工作也烦你代劳了！"这样，员工就不会敏感地联想到上司赞美的所谓言外之意，也便不会造成彼此间的误会。可见，同是赞美一个人，同是赞美其工作以外的才能，表达不同，效果便会大异。

二是赞美的场合。赞美，可以公开地表扬和夸赞，也可以在私下里进行鼓励和肯定。但在现在的社会，在众人面前大加夸赞，也会给"榜样"带来一些麻烦和困扰，使赞美的作用适得其反。

但是，现在有很多领导往往有一种误解，以为在众人面前赞美员工，他必定会心存感激。当然，在众人面前指责员工，会使他难堪，是不当的。但当众赞美有时也是不当的，作为管理者，必须认识到这一点。

在众人面前过分赞美某员工，会带来很多不便。被赞美的人经常会感到不安，而其余的人会产生妒忌，你的赞美越多、越重，他们的妒忌便会越强烈。如果你的赞美有些言过其实，会使他们鄙夷你，直到怀疑你所赞美的内容是否属实。

聪明的员工在被当众赞美时，通常会说声"谢谢"便及时离开了。与其说他是害羞，倒不如说他是不习惯周围人妒忌的目光。

因此，在众人面前赞美他人，必须注意两个问题：①是否会令赞美的人产生不必要的困扰，如周围人的妒忌等。②赞美是否恰到好处？比如你要考虑赞美的情况是否属实。

三是暗中赞美。管理者赞美员工时应该注意不要在众人面前大加宣扬。当着被赞美人的面，不要当众给他造成不安。那么，你可以在他不在场的时候，当着他的个别同事的面对他加以赞美吗？这种"暗中赞美"也是不可取的。毕竟，人人都会有竞争意识，人总是不自觉地和他人进行比较，所谓的优越和自卑也就因为这样的比较而产生。因此，虽然不在大庭广众下称赞某个人，而是在个别职员面前赞美他的同事，由于此种竞争意识和比较，后果也是非常不好的。

所以，在你要赞美的人不在场时应有所考虑，照顾一下在场人的颜面和心理感受。如何才能照顾得周到呢？这的确是一件不容易的事。最好的办法是，与其给自己找不必要的麻烦，倒不如不要这样的赞美。你只要做到心里有数，对于当场者给以适当的慰勉，未尝不是件令人高兴的事。

因此，作为管理者，应该避免对于不在场的人进行赞美，尤其不能将在场者同不在场者进行比较，褒扬不在场者，直接或间接地指出在场者的不

第5章 [处理到位]

足,这对于各个方面都没有好处。

四是赞美新员工。新员工刚开始工作,他往往会从你的话里来估计你对他的印象及评价。因此,你此时的赞美对他工作的开展至关重要,他会因为你的赞美而增添许多自信,因你的肯定而增加工作的热情。当新员工的工作令你比较满意时,你会进行赞美。这时,往往你会戴上一副"有色眼镜",赞美时总要带上一点特定的词,如"新人怎样"、"新人如何如何"。这两个"新人",会让新人有一种很不自在的感受。因为总是以"新人"称呼他们,使他们有一种不受器重的感受,自然很伤自尊心和积极性。另外,管理者如果忽视了他们的个性,抱着新员工本应如此的心态,便会令这些人反感。

为了做好对新员工的赞美,要遵守以下三个原则:

- 要意思单纯,不要让大家误会你的意思。
- 赞美要就事论事,要做具体的赞美。
- 赞美必须是从善意出发。

王杰刚到一家公司,工作认真负责,努力进取。经理对他的表现非常满意,对他说:"现在的年轻人大部分责任心不强,不思进取,而你和他们不同,好好努力吧。"这样一句赞美的话,很容易使王杰有这样一些想法:"如果我干得稍有点不好,经理肯定会说,现在的年轻人怎么都不行。"无形中,王杰就背了一个思想包袱。

另外,赞美的内容表达得不宜太抽象;否则,不但使下属费解,而且常会使下属误会其中的意思。

4. 榜样激励法

毛主席曾说过:榜样的力量是无穷尽的。企业管理者要学会利用榜样的激励作用,在企业里评选出几个楷模,为大家树立榜样,这样才能增强员工的上进心,使他们更加努力地为公司工作。

由于榜样深深地影响着人们的一言一行,所以,企业在开发人力资源时，特别是在试图以某种文化去唤醒人们的自觉性时，行为榜样激励是非常奏效的。

在一个企业中，总会有几个具有较高素质、业务技术能力和优秀业绩的典范人物。他们是集中体现企业主流文化、被企业推崇、被广大员工一致仿效的特殊员工。这些人是企业先进文化的体现者，在正常的生产经营活动中起着模范带头作用，是企业文化建设不可多得的主力军。

一位30岁出头的女老板，收购了一家倒闭的造纸厂。那时正是严冬。由于工厂停产多日，各处管道都冻住了。女老板发动工人们加班加点烘烤管道，以保证如期开工。干到晚上，工人们都不乐意了，有的人说气话："真是的，工厂还没开工，就让我们当牛作马替她卖命。"有的人说风凉话："资本家都这样，不榨咱们的剩余价值，怎么能发财？"

结果是说的人多干的人少，大家越干越没劲。正在这时，女老板来了。她用瘦弱的身躯，很吃力地将一大筐木材拉到管道边，擦一把汗，架起木材，生起火，一声不响地干起来。这无声的语言，使工人们沉不住气了。他们身强力壮的，却看着一个弱女子在那里忙活，于心何忍？于是，他们也不声不响地干起来，再也没有人说废话了。

麦当劳公司每年都要在最繁忙的季节进行全明星大赛。

首先，每个店要选出自己店中岗位的第一名，麦当劳公司员工的工作站大约分成十几个，在这些工作站中挑选出其中的10个，每个店的第一名将参加区域比赛。其次，区域中的第一名再参加公司的比赛。整个比赛都是严格按照麦当劳每个岗位的工作程序来评定的，公司中最资深的管理层成员作为裁判，他们秉公执法，代表整个公司站在前景的角度进行评估。

在竞赛期间，员工们都是早到晚走，积极训练，因为如果能够通过全明星大赛脱颖而出，那么他的个人成长会有一个基本的保障，这也奠定了他今后职业发展的基础。

到发奖的那一天，公司中最重量级的人物都要参加颁奖大会，所有的店长都期盼奇迹能出现在自己的店中。很多员工在得到这个奖励后,非常激动,其实奖金也就相当于1个月的工资,但由此而获得的荣誉却非常大。

可以说,麦当劳公司是世界上应用榜样激励法最成功的企业之一,但是举行这样的比赛需要把程序化、标准化的工作做在前面,也就是说,岗位要有可以衡量的程序和标准,才能进行竞赛。

行为榜样的激励作用主要表现为以下几个方面:

(1)示范作用。榜样人物能以其优秀的品德、模范的言行、生动感人的形象来感染人们。他们的为人、功绩是大家直接体验得到的,容易使大家产生感情共鸣,因而乐意去仿效。

(2)凝聚整合作用。典型人物来源于员工,他们的理想、信念和追求具有现实的基础,易于为员工所认同和敬佩,易于产生独特的魅力,使整个企业同心同德,形成整体合力。

(3)舆论导向作用。在一个良好的企业环境中,典型人物的公正主张和远见卓识能够控制舆论导向,起到引导员工言行、强化组织价值观的作用。

(4)调节融合作用。典型人物以其自身影响力,在解决组织内部的各类矛盾、冲突时起着调节融合的作用。他们能以公正的态度判定是非,充分诠释组织企业冲突的立场、原则和手段,化解冲突。

树立榜样不是树立一个高不可攀的"神",而是在成员身边树立一个可以感觉、可以学习、也可以达到的榜样、标杆。海尔集团是个以服务、质量著称的制造性企业。张瑞敏为了抓好企业生存的质量关,用流水线普通工人的名字命名了一些工具和操作方法,如"启明焊枪"、"云燕镜子"、"召银扳手"等。这种做法为生产工人树立了榜样,激发了员工的工作责任心和创造力。正如张瑞敏自己所说:工人的干劲更高了,责任心更强了,产品的优质率提高了。企业能为客户提供真正的优质产品,从而也具有了竞争力。

一个企业中必定有众多的候选楷模,就看企业管理者如何去发现和造就他们了。注重组织文化的企业一般都十分看重有个性的员工,他们的独特个性可以与企业的价值观相得益彰。尊重员工的个性，挖掘他们的创意，把他们放在具有创造性的工作岗位上，这在很大程度上是利用有独特个性的员工的行为来激励整个企业的员工。

那么，如何培养企业的榜样员工呢？企业的管理者需要从以下几个方面着手：

一是善于发现和发掘企业的榜样员工。企业的榜样员工在进入企业之初，没有什么惊人的业绩，但是他们的个人价值观却是在不断变化进步的，是与企业所要求的价值观保持一致的。身为企业的管理者，需要了解员工的内心想法和价值观，以发掘具有员工榜样的模型。

二是注意培养榜样员工。对于有些具有楷模特征的"原型"，要尽量为他们提供必要的发展条件，开阔他们的视野，增长他们的知识，扩展他们的活动领域，增强他们对企业环境的适应能力，给予他们更大的发展空间。

三是努力打造榜样员工。对员工进行必要的锻炼，对那些基本定型的榜样员工要进行培训，对他们进行宣传，提高这些榜样员工的知名度和感染力，只有使这些榜样员工被企业的其他员工认同，才能够发挥其应有的激励作用。需要注意的是，对这些员工的宣传不能言过其实，否则会失去激励作用，甚至会起到反作用。企业在培养员工时千万不能急于求成，要培养他们的综合素质。而且宣传榜样员工以后还要对其进行培训和锻炼，提高这些榜样员工的自身素质，只有这样，才能达到长期激励员工的目的。

四是树立不同层次的榜样。社会是复杂的，员工们的成长道路也是多种多样的。因此，树立榜样，不能搞"一花独放"，而应搞"群芳谱"。不同类型的人需要不同的榜样来激励和引路。管理者应当善于树立不同层次和不同类型的榜样，让不同类型的员工在盛开先进之花的"百花园"中，找到适合于自己学习仿效的榜样，这样才能全面地发挥榜样的激励作用。

五是树立真实的榜样。榜样的生命力在于真实。因此，对榜样不能虚构先进事迹，不能任意拔高，不能一好百好。如果榜样不真实，比没有榜样还

第5章 [处理到位]

要坏得多。因为把假的东西拿来作先进榜样，一旦戳穿了西洋镜之后，人们对真的榜样也要怀疑三分了，这叫作"假作真时真亦假，无到有处有还无"。因此，搞假榜样，除了会造成他人的逆反心理外，是不会有任何益处的。

六是宣传榜样要近人情。树立榜样是为了让人学，让人学就要使人"能够学"。如果把榜样神化，变成不食人间烟火的神仙，人们就只好望洋兴叹了。在实际生活中，先进典型也是有血有肉，有七情六欲的活生生的人，他们也离不开现实生活的土壤，离不开深厚的群众基础。因此，我们对先进典型的树立、宣传并不是越完美越高大越好，应该以能为广大员工所接受，起而仿效为度。我们必须明确，树立先进典型的目的在于以点带面，"拨亮一盏灯，照亮一大片"，而宣传榜样要近人情，才能达到此目的。

七是引导员工正确对待榜样。古话说："金无足赤，人无完人。"要一分为二地看待榜样，学其所长，正确对待其短，不能责备求全，横挑鼻子竖挑眼。既要防止机械式的学习，形式主义的模仿，又要防止因榜样有某些不足之处而否定榜样。

八是这是最重要的一条。企业管理者不仅要培养榜样员工，而且自己也要成为榜样。自己成为榜样。松下幸之助无疑是当代最优秀的企业家之一，他创建的松下电器公司跻身世界500强企业之列，其产品行销全球各地。

有一天，松下幸之助到车间视察。装配线运转正常，员工在各自的岗位上井然有序地工作着。在那种世界一流的现代化车间里，是很难找到什么不妥之处的。然而，松下幸之助还是找到了不妥之处。只见他弯下腰，捡起了一块很小的碎纸片。

毫无疑问，当松下幸之助弯下腰去捡纸片时，一个对工作一丝不苟的行为标准也就被树立起来了！员工确信他能发现地上那很小的、被别人忽视了的纸片，当然更能以身作则，激励着松下电器公司全体员工努力奋斗，精益求精，生产出世界一流的电器产品，占领更多的市场，赚取更多的利润，最终达到企业和个人的双赢。

《道德经》说："处无为之事，行不言之教。"意思是说：领袖人物不要刻意逞能以显示高明；也不要政令过多以夸示功绩，而要用自己无声的行动感化下属，使他们自觉地追随。"处无为之事"的说法，历来颇有争议；"行不言之教"，却是领袖人物获得部下忠心拥戴的有力手段。

5. 竞争激励法

挪威人喜欢吃沙丁鱼，尤其是活沙丁鱼。市场上活沙丁鱼的价格要比死鱼高许多。所以渔民总是千方百计地想法让沙丁鱼活着回到渔港。可是虽然经过种种努力，绝大部分沙丁鱼还是在中途因窒息而死亡。但有一条渔船总能让大部分沙丁鱼活着回到渔港。船长严格保守着秘密，直到船长去世，谜底才揭开。原来，船长在装满沙丁鱼的鱼槽里放进了一条以鱼为主要食物的鲇鱼。鲇鱼进入鱼槽后，由于环境陌生，便四处游动。沙丁鱼见了鲇鱼十分紧张，左冲右突，四处躲避，加速游动。这样一来，一条条沙丁鱼便活蹦乱跳地被带回到了渔港。这就是著名的"鲇鱼效应"。

鲇鱼是一种生性好动的鱼类，并没有什么十分特别的地方。然而自从有渔民将它用作保证长途运输沙丁鱼成活的工具后，鲇鱼的作用便日益受到重视。沙丁鱼生性喜欢安静，追求平稳，对面临的危险没有清醒的认识，只是一味地安逸于现有的日子。渔民聪明地运用鲇鱼好动的习性来保证沙丁鱼活着。渔民在这个过程中，获得了最大的利益。

鲇鱼效应对于"渔民"来说，在于激励手段的应用。渔民采用鲇鱼来作为激励手段，促使沙丁鱼不断游动，以保证沙丁鱼活着，以此来获得最大利益。鲇鱼效应即采取一种手段或措施，刺激一些企业员工活跃起来积极参与竞争，从而激活团队中的其他成员。其实质是一种负激励，是激活员工队伍之奥秘。在企业管理中，管理者要实现管理的目标，同样需要引入鲇鱼型人才，以此来改变企业相对一潭死水的状况。

当一个组织的工作达到较稳定的状态时，常常意味着员工工作积极性的降低。"一团和气"的集体不一定是一个高效率的集体，这时候"鲇鱼效

第5章 [处理到位]

应"将起到很好的"医疗"作用。在一个组织中，如果始终有一位鲇鱼型的人物，无疑会激活员工队伍，提高工作业绩。

"鲇鱼效应"是企业领导层激发员工活力的有效措施之一。它表现在两方面：一是企业要不断补充新鲜血液，把那些富有朝气、思维敏捷的年轻生力军引入员工队伍甚至管理层中，给那些故步自封、因循守旧的懒惰员工和官僚带来竞争压力，才能唤起"沙丁鱼"们的生存意识和竞争求胜之心。二是要不断地引进新技术、新工艺、新设备和新管理观念，这样才能使企业在市场大潮中搏击风浪，增强生存能力和适应能力。

心理学实验表明，竞争可以增加一个人50%或更多的创造力。每个人都有上进心、自尊心，耻于落后。竞争是刺激他们上进的最有效的方法，自然也是激励员工的最佳手段。没有竞争就没有压力。没有压力，组织也好、个人也好，都不能发挥出全部的潜能。

美国企业管理专家认为，没有竞争的后果有三：一是自己决定唯一的标准；二是没有理由追求更高的目标；三是没有失败和被他人淘汰的顾虑。

当前，许多企业办事效率不高、效益低下，员工不求进取、懒散松懈，从根本上说，是缺乏竞争的结果。鉴于此，要千方百计将竞争机制引入企业管理中。只有竞争，企业才能生存下去，员工才能士气高昂。

竞争的形式多种多样。例如，进行各种竞赛，如销售竞赛、服务竞赛、技术竞赛等；公开招投标；进行各种职位竞选；用几组人员研究相同的课题，看谁的解决方式最好等。还有一些"隐形"的竞争，如定期公布员工工作成绩、定期评选先进分子等。管理者可以根据本企业的具体情况，不断推出新的竞争方法。

在竞争中，要注意的问题是，竞争的规则要科学、合理，执行规则要公正，要防止不正当竞争，培养团队精神。有些竞争不但不能激励员工，反而挫伤了员工士气。如果优秀者受到挪揄，就是规则出了问题，不足以使人信服。

在竞争中，任何一点不公正都会使竞争的光环消失，如同裁判偏袒一方的一场足球赛。如企业竞选某一职位，员工知道领导早已内定，还会对竞选感兴趣吗？如进行销售比赛，对完不成任务的员工也给奖，能不挫伤先进员工的积极性吗？失去了公正，竞争就失去了意义，只有公正才能达到竞争的目的。

凡是竞争激烈的地方，经常发生不正当竞争。例如，不再对同事的工作给予支持，背后互相攻击、互相拆台；封锁消息、技术、资料；在任何事情上都成为水火不相容的"我们和你们"；采取损害公司整体利益的方法竞争等，这些竞争势必破坏团队精神。企业的成功依赖于全体员工的团结、目标一致，而不正当的竞争足以毫不含糊地毁掉一个组织。

为了避免不正当竞争的弊端，第一，要进行团队精神的塑造，让大家明白竞争的目标是团队的发展，"内耗"不是竞争的目标；第二，创造一个附有奖励的共同目标，只有团结合作才能达到；第三，对竞争的内容、形式进行改革，剔除能产生彼此对抗、直接影响对方利益的竞争项目；第四，创造或找出一个共同的威胁或"敌人"，如另一家同行业的公司，以此淡化、转移员工间的对抗情绪；第五，直接摊牌，立即召见相关人员把问题讲明白，批评彼此暗算、不合作的行为，指出从现在开始，只有合作才能受到奖励，或者批评不正当竞争者，表扬正当竞争者。

企业管理者应该把竞争机制引入企业管理中，通过员工之间的良性竞争，把员工的积极性调动起来。

在具体实施竞争激励法时，可以参考如下做法：

（1）做好岗位备份，让员工时刻感到竞争的压力。给每个员工以公平竞争的机会，每个岗位都要有一个或多个备份，不能一个岗位只有一个人能做，让员工时刻感受到竞争的压力，要想比竞争对手做得好，就要更加努力工作。

（2）向特殊员工暗示竞争对手的存在。如果某位员工身份特殊（比如

第5章 [处理到位]

当这位部下有高层关系或裙带关系时），工作不积极，却又不好直接给其设立竞争对象，不妨用言语暗示他，让他知道竞争对手的存在，从而激发该员工努力工作。比如，你只要告诉他："你和某某两个人，晋升是指日可待的。"这就等于暗示了他竞争对手的存在，如果再不努力，晋升机会就会与他失之交臂。

（3）为需要激励的员工设立一个竞争对象。当竞争对象不容易找到时，企业管理者不妨设一个竞争对象，让企业员工彼此竞争，如跨部门设立，或寻找同岗位的兼职等。

（4）引入外来竞争对象。如果员工不思进取，而该部门的效益又不错，管理者就应果断地招聘新员工，为其设立竞争对手。如果员工在有新的竞争对象后依然不思进取，留之无益，不如辞退。

（5）用裁员威胁逼迫员工主动展开竞争。对于经营状况不理想，而员工又不愿努力工作的部门，不妨向他们挑明企业准备裁员的打算，让他们主动展开竞争。在使用这一策略时，企业管理者需要根据企业的实际情况谨慎为之，不可草率行事。

（6）设置竞争对手。华夏钢铁公司的经理王林在管理自己的员工时，就成功地使用了"设置竞争对手"的激励方法。

有一次，他对一个一向很努力的熟练工人说："老罗，我安排你做的一件事情为什么这么慢才做出来呢？你怎么不能像方华那样快呢？"

对方华，他却是这样说的："方华，你做事为什么不能以老罗为榜样，像他那样高效呢？"

不久后，方华刚出差回来，王林便留下一张纸条叫他做好一个铸件，马上送到铁道开关及信号制造厂去。这个条子是周六写的，但是周日早上方华便把这件事办好了。

周日清晨，王林在制造厂里看见了方华，便问："方华，你看见我留下的纸条了吗？"

"看到了。"

"你什么时候去铸呢？"

"我已经铸好了。"

"啊？这是什么时候的事情啊？你真的已经做好了吗？"

"是的，我已经铸好了。"

"现在在哪里啊？"

"我已经将它送到制造厂里去了。"

王林听了欣喜异常，因为他找到了一条激励员工、提高效率的好方法，并为这种方法如此有效感到惊奇。而对方华来说，王林的嘉许让他倍感鼓舞，觉得上司很欣赏自己。

（7）无言的激励。查尔斯·施瓦斯是美国著名的企业家，他属下的一个子公司的职工总是完不成定额。该子公司的经理几乎用尽了一切办法——劝说、训斥，甚至以解雇相威胁，但无论他采用什么方法，都无济于事，也就是说，工人还是完不成定额。鉴于此，施瓦斯决定亲自到该子公司处理这件事。

施瓦斯在公司经理的陪同下到公司巡视。这时，正好是白班工人要下班、夜班工人要接班的时候。施瓦斯问一位工人："你们今天炼了几炉钢？"

"5炉。"工人回答说。

施瓦斯听了工人的回答后，一句话也没说，拿起笔在公司的布告栏上写了一个"5"字，然后就离开了。

待夜班工人上班时，看到布告栏上的"5"字，感到很奇怪，不知道是什么意思，就去问门卫，门卫将施瓦斯来公司视察并写下"5"字的经过详细地讲述了一遍。

次日早晨，当白班工人看到布告栏上的"6"字后，心里很不服气：夜班工人并不比我们强，明明知道我们炼了5炉钢，还故意比我们多炼1炉，这不是明摆着给我们难堪，让我们下不了台吗？于是，大家劲儿往一处使，到晚上交班时，白班工人在公布栏上写下了"8"字。

智慧过人的施瓦斯用他无言的激励，引发了公司员工之间的竞争，最高的日产量竟然达到了16炉，是过去日产量的3.2倍。结果这个平日落后的公司的产品产量很快超过了其他的公司。

施瓦斯利用人们"好斗"的本性，用他无言的激励引发了公司员工之间的竞争，不仅巧妙地解决了该子公司完不成定额的难题，还使工人们处于自动自发的工作状态。当然，最终的受益者是谁就不言自明了。

（8）A、B、C、D四级报告制度。日本松下公司每季度都要召开一次各部门经理参加的讨论会，以便了解彼此的经营成果。在开会以前，公司把所有部门按照完成任务的情况从高到低分别划分为A、B、C、D四级。会上，A级部门首先报告，然后依次是B、C、D部门。这种做法充分利用了人们争强好胜的心理，因为谁也不愿意排在最后。

（9）我们的排名如何。美国西南航空公司的内部杂志经常以《我们的排名如何》这篇文章让员工知道他们的表现如何。在这里，员工可以看到运务处根据准时、行李处置、旅客投诉案三项工作的每月例行报告和统计数字，文章并将当月和前一个月的评估结果作比较，制定出西南航空公司的整体表现在业界中的排名。文章还列出业界的平均数值，以利于员工掌握趋势，同时比较公司和平均水准的差距。西南航空公司的员工对这些数据具有十足的信心，因为他们知道，公司的成就和他们的工作表现息息相关。当某一家同行的排名连续高于西南航空公司几个月时，公司内部会在短短几天内散布这个消息。到最后，员工会加倍努力，期待赶上同行。这样，西南航空公司的员工就永远处于不断前进的状态中。

6. 晋升激励法

麦当劳公司是如何把一个普通毕业生培养成为成熟管理者的呢？原来，麦当劳公司实行了一种快速晋升的制度：一个刚参加工作的出色的年轻人，可以在18个月内当上餐馆经理，可以在24个月内当上监督管理员。而且，晋升对每个人是公平合理的，既不作特殊规定，也不设典型的职业模式。每个人主宰自己的命运，适应快、能力强的人能迅速掌握各个阶段的技术，从而更快地得到晋升。

晋升激励就是企业领导将员工从低一级的职位提升到新的更高的职务，同时赋予与新职务一致的责、权、利的过程。以业绩为导向的晋升方法，是以挑战性目标的确立、并为之付出努力而最终实现的过程。

对企业而言，晋升激励是一种很实用的激励方法，但在作出晋升决策之前，管理者必须对晋升员工进行绩效评估，以确定其资历和能力是否可以胜任所要晋升的职位。

（1）职位需求评估。有时，在管理工作中很难去界定新职位员工要完成新任务所需的能力和技能。但管理者可以使用那些通常在做晋升决策时会考虑到的主要资源，如员工主管的推荐、绩效评估的结果、测评中心的测评结果、在组织中的工作经验、员工个人的职业目标和教育背景等。

（2）情境因素评估。管理者还需要考虑员工在新职位之前所处的情境，因为情境的变化会影响候选人的绩效。在管理中已不倾向于使用这种评估方法，因为管理者已经习惯与员工朝夕相处，但情境因素常被证明是找出错误的有效方法。

（3）候选人资格评估。管理者要做的第三步是评估候选人的资格。其包括新工作所需的知识、技能和个人品质以及候选人的能力和资历。最佳的候选人应该达到新职位的最低标准，并将获得这一职位。

晋升不是利用员工的个性，而是要发挥他的才能。这也是最为公正和实用的办法，不但能堵众人之口，服众人之心，而且能堵住"小门或后门"，让众多"关系"失效，也可以避免员工有意无意间的钩心斗角。

这个道理虽然简单明了，可是许多企业的管理者往往做不到，问题是多方面的，主要是因为用人习惯上是跟着感觉走，以致失去了判断力。很多时候，晋升一个员工往往是因为上级喜欢他的性格和作风。比如，以下

第5章 [处理到位]

三种情况：① 领导是个快刀斩乱麻的人，他就愿意晋升那些做事干脆利落的员工。② 领导是个十分稳当、凡事慢三拍的人，他就乐意晋升性格审慎小心的员工。③ 领导是个心直口快的人，他就不喜欢提升那些说话婉转、讲策略的人。

另外，还有一点，主管普遍喜欢晋升性格温顺、老实听话的员工，对性格倔犟、独立意识较强的员工大多不感兴趣。这样的结果，很可能造成用人失当。现实情形是，被晋升者很听话，投主管脾气，工作却不会有多大起色，而且会让有真才实学的员工报效无门。

主管在晋升员工时，千万要记住：对于员工的个性，不管你喜欢也好，不喜欢也好，个性乖戾孤僻也好，温顺柔和也好，都不必过多地考虑。要把注意力集中在他们以往的工作业绩上，也就是谁的工作业绩好，谁就是晋升的候选人，这是最好的说服力基础。固然，在实际操作和权衡方面，还应考察员工的品格和相关项目及要素，但着重于业绩为导向晋升的考量，具有更大的激励性和引导力。

着重员工现在的工作表现、预测员工的未来，正是以业绩为导向的晋升，但应注意过程管理具有的公正明确、系统的考评标准，以公正的考核为依据和以员工的需求为基础，它包括将员工的知识、技能、经历、态度等在工作岗位上加以价值量化，通过绩效考评，从而体现及形成内外持续激励。

职位晋升是企业较为有效的激励方法，不仅可以增加员工忠诚度，减少员工流失，还可以提高组织的效率。但切记：晋升激励一定要运用到有能力完成工作并达到管理者期望的员工身上。

7. 危机激励法

在辽阔的非洲草原上，弱肉强食、适者生存永远是不变的真理。

每天早上，羚羊妈妈总是早早地叫醒小羚羊说，今天你一定要跑得比最快的那只狮子还要快，不然的话你就会没命；每天早上狮子妈妈也对早早被叫起来的小狮子说，今天你一定要跑得比最慢的那只羚羊还要快，否则，你将没有早餐吃。

美国旅行者公司首席执行官罗伯特·薄豪蒙说:"我总是相信,如果你的企业没有危机,你要想办法制造一个危机,因为你需要一个激励点来集中每个员工的注意力。"

员工除了有被重视、被信任、被尊重的需要,还有猎奇好动、探索的需要。"危机"的出现可满足员工的这一需要,刺激员工试行自己工作的新思路,并且鼓励和支持他们去冒险,满足个人抱负。作为管理者,可适当创造一点儿危机感,给员工提供一些动力。

试想,如果企业的一切都在平稳中进行,任何事情都平淡无奇,没有什么问题,那么,工作自然也就不需要,更谈不上什么积极性和创造性了。这时,管理者可适当地运用"危机"手段,将企业"搅拌搅拌",让员工"活"起来。事实上,人们常在承受着"危机"的巨大压力下获得成功。

通用电气公司正是通过这一渠道,有效刺激员工的想象力,得到新的思路和方法。即使是银行,也会因危机的降临而发生变化,不再像在殡仪馆似的,人们讲话都要窃窃私语,对管理者来说,银行已充满了创新和机会。

当然,制造一个危机并不是去搅乱企业的现况,而是去创造一个机会,把企业提升到更高的层次。

危机激励犹如一个人在森林中被猛兽追赶,他必须以超出平日百倍的速度向前奔跑。对他来说,后方是死的危险,而前方则是生的机会。

正如美国前总统肯尼迪所说:在中文里,"危机"是由两个词组成的。第一个是"危险";第二个是"机会"。

"不时地提醒你的员工,企业可能会倒闭,他们可能会失去工作。这样可以激励他们尽其所能,不至于怠慢企业和工作。"美国的J·M·巴德维克博士曾这样说。

每个企业都生存在环境中,环境中的诸多因素都会影响乃至干扰企业的正常运营,这些因素共同构成了企业经营过程中的风险因素。在竞争的舞台上，面对着众多的风险，有的企业成功了，有的企业却遭到失败，甚至从此一蹶不振，以破产而告终。

成功固然可喜，失败也未必可悲，关键是要从中吸取经验和教训。正如松下幸之助所说："不论一个人现在拥有多么伟大的事业，他绝不会不曾遭遇过失败。做事总会遭遇失败，但要在每一次的失败中有所发展，经过无数的体验后，在期间逐渐成长，最后，在自我心中产生某种伟大的信念，才能完成伟大的事迹。最重要的是，当遭遇失败而陷入困境时，要勇敢而坦白地承受失败，并且认清失败的原因。体悟到：'这是非常难得的经验、最宝贵的教训'。"这说明，危机因素可以转化为企业发展的动力，不能因为惧怕挫折、困难、失败和危机而痛失企业发展的良机。

所以，管理者不但要有时刻面对危机的意识，更要善于制造危机感，消除员工的惰性，要让员工不满足于企业现状，通过有效的竞争激励措施把这种危机感所产生的紧张转化成生产力，从而激发和提高员工的工作热情和主动性。

实际上，创造工作中的危机感对企业和员工都不无好处。为什么？太过稳定，一般会影响员工的工作绩效。工作稳定，长久以来一直是员工的权利。如果员工认为企业"欠"他们的，没必要靠努力工作获得报酬，他们的效率就会降低。这不仅对企业造成损失，对个人也许贻害更深。如果员工对自己的工作不负责任，就不会去学习如何应对变化。那么，当变化不可避免时，他就束手无策，坐以待毙，这恰恰会带来真正的危险。

工作有危机感是好事。毫无危机感的企业必须制造适当的危机感来激励员工，让他们感到自己的工作离不开这种危机感。事实确实如此，当员工战胜他们面临的挑战时，他们就会更加自信，为企业作出更大的贡献，成为对企业有所贡献者，是员工工作稳定的唯一途径。

如果员工无论业绩多么差都能高枕无忧，就可能造成一种无所谓的企业文化。任何企业中都可能存在"无所谓文化"，员工无所事事，却认为企业

"欠"着他们的，因为管理层创造了一种"应得权利"的文化。在"无所谓文化"中，员工更注重行动而不是结果。

员工有这样的思想和行为，是因为他们工作中的失误或企业的倒闭，不会对他们带来任何不利后果。他们不断闯祸，却一次又一次蒙混过关。

要打破员工"无所谓文化"，或调动那些唯恐失去工作的员工的积极性，就得在风险与稳定之间建立适当的平衡点。如果员工觉察不到危机感，就必须创造一种环境，让他们产生不稳定感，不能让他们麻木不仁。心理学上的两个重要发现解释了这种现象：

（1）随着焦虑程度的加深，人的业绩也会提高。当焦虑度达到一个理想水平时，业绩也会随之达到最高点。不过，如果焦虑程度过高，业绩也会下降。

（2）当成功概率达50%时，人们取得成功的动力最大。换句话说，如果人们追求的目标或接手的任务具有挑战性，但仍有极大可能成功时，人们追求目标或接手任务的动力最大。

激励专家认为，通过以下措施，可以有效地树立员工的危机意识：

一是向员工灌输企业前途危机意识。企业领导要告诉员工，企业已经取得的成绩都只是历史，在竞争激励的市场中，企业随时都有被淘汰的危险，要想规避这种危险，道路只有一条，那就是全体员工都努力工作，才能使企业更加强大，永远处于不败之地。

二是向员工个人灌输他们的个人前途危机。企业的危机和员工的危机是连在一起的，所以所有员工都要树立"人人自危"的危机意识，无论是公司领导班子还是普通员工，都应该时刻具有危机感。管理者应告诉员工："今天工作不努力，明天就得努力找工作。"如果员工在这方面达成共识，那么他们就会主动营造出一种积极向上的工作氛围。

三是向员工灌输企业的产品危机。企业领导要让员工明白这样一个道理：能够生产同样产品的企业比比皆是，要想让消费者对企业的产品情有独钟,产品就必须有自己的特色,这种特色就在于可以提供给顾客的是别人无法提供的特殊价值的能力,即"人无我有,人有我优,人优我特"。

总之,企业唯有不断地向员工灌输危机观念,让员工明白企业生存环境的艰难,以及由此可能对他们的工作、生活带来的不利影响,才能有效激励员工自动自发地努力工作。说服那些充满恐惧的员工获取安全感的最好途径,就是帮助企业实现最为关键的目标。管理者应告诉员工,如果他们不努力工作,就不会有成功,就不会有企业的繁荣,也就没有了工作。

8. 荣誉激励法

所谓荣誉激励,是指企业对员工工作态度和贡献所给予的荣誉奖励,如发给荣誉证书、会议表彰、在企业内外媒体上的宣传报道、记功、休假、疗养、外出培训进修、推荐获取各种社会荣誉等。每位员工都对归属感及成就感充满渴望,都希望自己的工作更有意义。如果说自我实现是人类最高层次的需要,那么荣誉就是一种终极的激励手段。

管理专家认为,追求良好的声誉是企业经营者成就发展的需要。经济学家则从追求利益最大化的理性假设出发,认为经营者追求良好声誉是为了获得长期利益。著名的跨国公司IBM有一个"百分之百俱乐部",如果公司员工能够完成他的年度任务,就会被批准为该俱乐部会员,他和他的家人就会被邀请参加隆重的集会。结果,公司的雇员都将获得"百分之百俱乐部"的会员资格作为第一目标,以获取那份荣誉。IBM公司通过这种方法,很好地激励了员工。

对于员工,不要太吝啬赋予其一些头衔、名号。一些头衔名号可以换取员工的认同感,从而激励起员工的干劲。日本电气公司在一部分管理职务中实行"自由职衔制",就是说可以自由加职衔,取消"代部长"、"代理"、"准"等一般普遍管理职务中的辅助头衔,代之以"项目专任部长"、"产品经理"等与业务内容相关的、可以自由加予的头衔。

用荣誉激励员工,要先认清荣誉的本质。荣誉的设置是为了奖励先进,表扬贡献，鼓舞士气，是一种激励。既然是奖励先进，就不能搞平均主义。不幸的是，很多企业的荣誉设置常常是"轮班制"——这月你当，下月我当，为了团结，轮流坐庄。"荣誉轮流坐，本月到我家。"这种荣誉设置几乎毫无意义，顶多展示一下企业在管理上的规范性。

平均主义就是荣誉的"泻药"，只要一沾上，再好的荣誉也会"拉肚子"。所以，设置荣誉时应当有统一规范的指标要求。下面以成大方圆药店为例。

成大方圆药店的"服务之星"只设置了三项硬指标：一是要完成本月销售计划；二是顾客满意度高，没有顾客投诉；三是同事满意度高，该店员所得投票必须排在门店候选人前列。第一个指标是经济标准；第二个指标是服务标准；第三个指标是团队标准。这三大硬指标设计得比较有艺术性，既讲效益，又讲持续发展，还很好地控制了内部的竞争强度，避免员工内讧。

也许有人会问，这样设计荣誉评定标准就一定可以避免平均主义吗？可以肯定地回答：不能完全避免。道理很简单，前两个指标都达到之后，员工就可以在同事满意度上搞平均主义。那么，如何避免这种情况的发生呢？管理者要从以下四个方面入手：

（1）增加副选项，提高"摘星"的难度。成大方圆药店评选"服务之星"的第二标准是"服务之星"还必须满足地区"特色"的标准。比如店员要替顾客着想，不流失顾客，有忠诚的顾客群，柜组无过期产品，陈列丰满、新颖、美观，此外，选手还要经常开动大脑，能够给门店或地区提合理化建议。这种副选项督促员工全面提升服务水平，为企业献计献策，同时也过滤掉一批保守安逸的员工。

（2）加强监督，保证"星"的亮度，防止有人浑水摸鱼，名不副实。成大方圆药店采取总部与门店双重监督，不定期对"服务之星"的工作进行突击检查，一旦发现有不符合评选方式或评选标准的店员当选，则可降低其星级或取消其"服务之星"称号。

（3）搞动态荣誉，而不是静态荣誉。"服务之星"每季度评选一次。本季度当选的店员佩戴一颗红星标志，连续两季度当选的店员佩戴两颗红星标志，依此类推，连续五季度以上当选的店员则佩戴五颗红星。但是，如果"服务之星"在下一季度没有连续当选，则不佩戴任何标志；升星级只能连续当选，不能隔季度累加。这种巧妙的设计是对平均主义的致命打击，只有积分累积达到要求，才能得到利益与荣誉。如果放弃一次就得从头再来，损失很大，因而大家就都不愿意放弃，领导与未获得者也不好意思来搞平均主义，使荣誉真正是靠争取得来，而不是靠施舍得来，创造出合理竞争的氛围。

（4）设置比例。从参选的5 000名员工中评出500名。这个比例标准设置得比较恰当，不高也不低，既不会失去荣誉的先进性，也不会失去员工的参与性。

让荣誉真正起到激励员工的作用，必须注意以下四点：

一是荣誉是奖励先进的，不是奖励权力的，各级荣誉要分清。特别是像"小红星"这种基层荣誉，更不能让管理层参与。如果他们参加，本身就不公平，给他们荣誉，员工会认为有权力就有业绩，感到不平等；不给他们荣誉，就会有好事者无事生非。因而荣誉的设置可以分开层次，比如普通员工有小星星奖，店长有大星星奖。成大方圆药店在这方面做得也不错，明确规定店长和主任不得参与"小星星"评选。

二是荣誉是奖励贡献的，不是奖励资历的，不能论资排辈。许多企业都有这样的固定思维，只要评选，要先考虑资深员工，认为如果荣誉不给他们，不仅对不起他们，让他们心理失衡，资格浅的人也不自在，这样荣誉也就成了论资排辈。有的企业为了平衡这种矛盾，采取晋级制，比如将荣誉分为五个等级，一"星"是资格浅的，五"星"是资格老的。"星"多只表明他工作时间长。这种做法将会使荣誉僵化、悄然死亡。成大方圆药店采用的是动态奖励，"星"的多少主要表现在业绩上，与资历无关，一个季度没评上，就没有"星"了，又必须从头再来。

三是荣誉需要郑重其事地授予，不能简单草率行事。颁布荣誉需要隆重的仪式，仪式越隆重激励的作用越大。IBM、玫琳·凯等著名企业每一次授予荣誉都兴师动众，极度招摇，恨不得让功臣们成为全世界的焦点。成大方圆药店在这点上做得也不错，通过内部报纸、会议等方式，让每一位获"星"的员工都能感受到公司对自己的重视。

四是荣誉要与利益挂钩。利益包括经济利益、福利利益、机会利益等，只有精神奖励的荣誉很难使员工保持持久的热情，荣誉必须有载体。成大方圆药店设置"服务之星"奖励时就充分考虑到这一点，既发奖金，又给予培训提升，还送了一批"星"到香港去旅游。让员工真切地感受到，有"星"不仅风光，还很实惠。

综上所述，荣誉的授予需要精心设计，精心执行，需要高超的技巧。

通过荣誉激励法激励员工，有四个方面的内容：

首先，给员工一些响亮的头衔。对那些长期以来一直在为企业默默奉献的员工，或在某个领域有突出表现的员工，企业管理者不妨授予他们一些响亮的头衔或名号，以换取员工的认同感，从而激励他们更好地为企业服务。

员工感觉自己在企业里是否被重视是工作态度和员工士气的关键因素。管理者在使用各种工作头衔时，要有创意一些，可以考虑让员工提出建议，让他们接受这些头衔并融入其中。其实，这是在成就一种荣誉感，荣誉产生积极的态度，而积极的态度则是成功的关键。比如，你可以在自己的团队设立诸如"创意天使"、"智慧大师"、"霹雳冲锋"、"完美佳人"等各种荣誉称号，每月、每季、每年都要评选一次。选出合适人选后，要举行适当隆重的颁发荣誉的仪式，让所有团队人员为荣誉而欢庆。

其次，休假也是一种好方法。如果员工作出了突出贡献或提前完成了全年的营销计划，不妨用休假的方法来奖励他们。在员工眼里，这样的休假其实也是一种荣誉。

再次，表扬那些成绩突出的员工。如果企业管理者能够充分地运用表扬

第5章 [处理到位]

来表达对员工的肯定和赏识,不但能有效地提高员工的工作效率,还能够引发其他员工对这种荣誉的追求。

需要注意的是,管理者在表扬一位员工时,一定要注意表扬员工所独自具有的那部分特性。如果表扬的是所有员工都具有的能力或都完成的事情,会让被表扬的员工感到不自在,也会引起其他员工的强烈反感。

总之,表扬是激励员工的最好方法之一,也是增强企业吸引力的重要方式。但如果方法不对,其收效就会大打折扣,甚至会带来副作用。

最后,写出你对员工的欣赏。书面表扬肯定让人回味无穷,它是一份值得珍藏的永久荣誉证书。

员工作出成绩,都希望得到上司的肯定,如果仅仅得到上司口头上的表扬,虽然也有激励作用,但绝对没有书面表扬更有效。

最好的方式是能把你对员工的欣赏写出来,因为口头表扬随着时间的流逝会让人淡忘,而书面表扬(哪怕是个小小的便条)则会永远存在。这并不需要花什么钱,也不会占用太多时间。下面提供三条书面表扬的方式供参考:

- 给员工写感谢卡。企业管理者可以准备一些卡片,卡片正面印有漂亮的"谢谢你"几个字,背面是空白。每当员工做了值得称赞的事情时,部门领导就在上面写上一条,详细写明他的成绩及对他的评语。
- 给表现突出的员工颁发证书或奖章。证书和奖章对员工的激励是巨大的,虽然员工嘴里不说,但每个人都十分重视这一点。稍微留意一下你就会发现,很多员工都喜欢把这些荣誉悬挂、摆放在宿舍、办公室、工作台或家中。员工的工资可能很快就会花光,衣服可能很快就会穿坏,旅游随着时间也会变成遥远的回忆,但是证书或奖章却能永远提醒他曾经得到过怎样的荣誉。
- 为员工建立业绩档案。企业管理者可以给优秀员工寄表扬信。可以把信封装入标有"成功档案"的档案夹中，并写上下述鼓励："也许你以后会遭遇失败，但你要记住，你曾经成功过，你曾经是一个优秀的人，只要你努力，没有什么可以难得住你。""我们公司永远以你为荣，你是一个有能力的人，相信你以后会表现得更优秀。"这些文字可以给员工战胜困难的勇气和信心，会帮助员工克服各种各样的工作困难。

总之，书面肯定与表扬是一份值得珍藏的荣誉证书，会让员工回味无穷。巧用书面激励，会让员工感到自己得到了莫大的荣誉，而这种看得见、摸得着的荣誉会激励他们继续努力，为企业作出更大的贡献。

如何开好工作总结会议

当一个大的计划执行完毕之后，普通员工可能在忙于计算自己能拿到多少奖金、能领到几块奖牌，或者能否升职调薪。但是，作为管理者，却应该仔细考虑以下的问题：

（1）企业的期末总结会议除了总结成绩和表彰先进外，有否认真分析过去一个管理循环中出现的问题和可能面临的危机？

（2）企业下一个阶段的计划，除了就任务指标进行讨价还价和争夺资源外，有否深入讨论过需要采取哪些新的管理举措来实现发展目标？

（3）企业下一个阶段的计划，除了分配工作任务和制定执行计划外，有否仔细思考过需要争取和获得哪些合作伙伴的支持与帮助来实现任务目标？

第5章 [处理到位]

一个计划的完成之时，也就是下一个计划的开始之日。计划期末的工作总结会议举行的成功与否，直接关系到下一期任务目标能否实现，关系到企业能否可持续发展，也关系到每个员工的"腰包"能否更鼓一些。一个有效的期末总结工作会议更是一个分享、沟通和决策会议，是团队发展的"战略研讨会"。举行成功的"战略研讨会"需要注意如下几点：

一是流程正确。流程决定效率和结果。在总结工作成绩的同时，更要看到存在的问题、危机和与同行企业的差距；要关注发展目标的制定，更要寻找实现发展目标的创新途径和方法；要制订行动计划，更要寻求和获取必要的外部支持和帮助。

二是目标清晰。会议除了总结成绩和表彰先进外，更应关注企业未来发展目标的实现，要对现有发展战略作必要的修正和调整。要明确下一期计划的工作重点和量化指标。

三是邀请合适的人参加。除了团队或部门的全体员工需要参加之外，根据情况还可以邀请上级领导、客户、外部专家等人来参加，目的是为了"兼听则明"，帮助部门和团队认识问题、分析问题和解决问题。经验表明，他们的参与常会带来很多意想不到的收获。

四是不要花费太多的时间在愿景和使命的讨论上。很多上过MBA课程的管理者喜欢从探讨愿景、使命开始探讨，这是个常见的会议误区。因为愿景、使命的探讨往往很难达成一致意见，甚至因此而影响团队的氛围。此外，愿景和使命往往很难为企业的发展提供实际指导，相反容易使员工产生"假、大、空"的看法。所以，在召开工作总结会议时，不要在愿景和使命的讨论方面花费太多时间，而应将主要精力集中在分析和探讨当前工作存在的问题方面。例如，关注企业到底是为谁提供服务？为他们提供什么服务？这些服务对他们而言为何重要？企业的工作成果与他们的需要之间还存在哪些差距？企业应该如何缩小这些差距？这些问题对总结过去和思考未来都起着直接的指导作用，也为员工指明了奋斗的方向。

# 运用ABC分类法找出管理的关键因素

ABC分类法又称帕累托分析法,它是根据在技术或经济方面的主要特征,进行分类排队,分清重点和一般,从而有区别地确定管理方式的一种分析方法。由于它把被分析的对象分成A、B、C三类,所以又称为ABC分类法。

ABC分类法由意大利经济学家帕累托首创。1879年,帕累托在研究个人的分布状态时,发现少数人的收入占全部人口收入的大部分,而多数人的收入却只占一小部分,他将这一关系用图表示出来,就是著名的帕累托图。该分类法的核心思想是在决定一个事物的众多因素中分清主次,识别出少数的但对事物起决定作用的关键因素和多数的但对事物影响较少的次要因素。后来该法被不断应用于管理的各个方面,1951年,管理学家戴克将其应用于库存管理,命名为ABC分类法。1951年至1956年,朱兰将ABC分类法引入质量管理,用于质量问题的分析,该法被称为排列图。1963年,德鲁克将这一方法推广到全部社会现象,使ABC分类法成为企业提高效益的普遍应用的管理方法。

ABC分类法大致可以分为以下五个步骤:

(1)收集数据。针对不同的对象和分析内容,收集有关数据。

(2)统计汇总。

（3）编制ABC分类表。

（4）绘制ABC分析图。

（5）确定重点管理方式。

下面以库存管理为例来说明ABC分类法的具体应用，如果企业管理者打算对库存商品进行年销售额分析，那么：

第一，收集各个品目商品的年销售量、商品单价等数据。

第二，对原始数据进行整理并按要求进行计算，如计算销售额、品目数、累计品目数、累计品目百分数、累计销售额、累计销售百分数等。

第三，作ABC分类表（见表5-1）。在总品目数不太多的情况下，可以用大排队的方法将全部品目逐个列表。按销售额的大小，由高到低将所有品目按顺序排列；将必要的原始数据和经过统计汇总的数据，如销售量、销售额、销售额百分数等填入表，并计算累计品目数、累计品目百分数、累计销售额、累计销售额百分数；将累计销售额为60%~80%的前若干品目定为A类；将销售额为20%~30%的若干品目定为B类；将其余的品目定为C类。如果品目数很多，无法全部排列在表中或没有必要全部排列出来，可以采用分层的方法，即先按销售额进行分层，以减少品目栏内的项数，再根据分层的结果将关键的A类品目逐个列出来进行重点管理。

表5-1　分层的ABC分类表

按销售额分层范围（千元）	品目数	累计品目数	累计品目百分数（%）	销售额（千元）	累计销售额（千元）	累计销售百分数（%）	分类结果
≥6	280	260	7.5	5 800	5 800	69	A
5~6	86	346	9.9	500	6 300	75	A
4~5	55	401	11.7	250	6 550	78	B
3~4	95	496	14.4	340	6 890	82	B

（续表）

按销售额分层范围（千元）	品目数	累计品目数	累计品目百分数（%）	销售额（千元）	累计销售额（千元）	累计销售百分数（%）	分类结果
2~	170	666	19.4	420	7 310	87	B
1~2	352	1 018	29.6	410	7 720	92	B
≤1	2 421	3 439	100.0	670	8 390	100	C

第四，以累计品目百分数为横坐标，累计销售额百分数为纵坐标，根据ABC分析表中的相关数据，绘制ABC分析图（见表5-2）。

表5-2 ABC分类管理策略

项　目	A	B	C
管理要点	投入较大力量精心管理，将库存压缩到最低水平	按经营方针调节库存水平	集中大量订货，以较高的库存来减少订货费用
订货方式	计算每种商品的订货量，按最优批量订货批量，采用定期订货的方式	采用定量订货方式，当库存降到最低点时发出订货，此时的定货量为经济批量	采用双堆法，用两个库位储存，一个库位货发完了，用另一个库位发，并补充第一个库位的存货
定额水平	按品种甚至规格控制	按品种大类品种控制	按总金额控制
检查方式	经常检查	一般检查	按年度或季度检查
统计方法	详细统计，按品种、规格规定统计项目	一般统计，按大类规定统计项目	按金额统计

第五，根据ABC分析的结果，对A、B、C三类商品采取不同的管理策略。

ABC分类法还可以应用到质量管理、成本管理和营销管理等管理的各个方面。

在质量管理中，我们可以利用ABC分类法分析影响产品质量的主要因素和采取相应的对策。例如，我们列出影响产品质量的因素包括，外购件的质量、设备的状况、工艺设计、生产计划变更、工人的技术水平、工人对操作规程的执行情况等。我们以纵轴表示由于前几项因素造成的不合格产品占不合格产品总数的累计百分数，横轴按造成不合格数量的多少，按从大到小的顺序排列影响产品质量的各个因素。这样，我们就可以很容易地将影响产品质量的因素分为A类、B类、C类因素。假设通过分析发现外购件的质量和设备的维修状况造成产品质量问题的A类因素，那么我们就应该采取相应措施，对外购件的采购过程严格控制，并加强对设备的维修，解决好这两个问题，就可以把质量不合格产品的数量减少80%。

ABC分类法还可以应用在营销管理中。例如，企业在对某一产品的顾客进行分析和管理时，可以根据用户的购买数量将用户分成A类用户、B类用户和C类用户。由于A类用户数量较少，购买量却占企业产品销售的80%，企业一般会为A类用户建立专门的档案，指派专门的销售人员负责对A类用户的销售业务，提供销售折扣，定期派人走访用户，采用直接销售的方式。而对数量众多，但购买量很小，分布分散的C类用户则可以采取利用中间商间接销售的方式。

应当说明的是，应用ABC分类法，一般是将分析对象分成A、B、C三类。但我们也可以根据分析对象重要性分布的特性和对象的数量的大小将其分成两类或三类以上。

一个问题解决型会议的实例

在帝国保险公司内，有一个工作小组正围绕汽车保险业务的索赔流程改造问题展开激烈的讨论。

一个小组成员说:"我认为应该把那些有人受伤的索赔案同那些没人受伤的案子分开。"他提议说,"我们理赔最多的,就是那些有人受伤的案子。"

他邻座的小组成员这样说道:"那么,何不依照理赔额的高低来分类?"他指出,"除了小案子、大案子外,有时,也可能有些人员受轻伤或没受伤但却导致大笔财物损失的案子。"

"好",小组长说:"我们可以依理赔额的高低,来决定案子的大小。不过,究竟什么叫小案子?就这么说吧,没人受伤或仅受轻伤,而且财物损失不严重的,就叫小案子。至于其他的,全都算是大案子。如果我们做了这种分类,下一步要怎样?我们该如何以不同的方式来分别处理这两类案子呢?"

"嗯……"有个对面的女成员说话了,"目前,把间接成本和其他零杂的花费都计算在内,处理一个小索赔案,其每小时的费用和处理一个大案子的费用几乎不相上下。因此我认为,我们应尽快处理完那些小案子——把那么多的时间花在它们上面,实在不值得。"

"要是我们根本不处理这些小案子呢?"坐在桌旁的一个男成员问道,"如果小于某个金额的索赔,我们全都如数照付,会怎样?"

"我不知道",小组长问大家,"假使我们真这么做,会怎样?"

"我们总得做点事",对桌的女士这么说。

"让经纪人去办",那桌角的男士接口说,"要是索赔小于某个金额,那就让经纪人去处理。经纪人可以理赔。这样一来,事情很快便能摆平,同时,经纪人与顾客间的关系也会更加巩固,至于我们,根本就不必在那上面花时间了。"

正当小组长将大家的建议概要地写在黑板上时,坐在窗户边上的一男士突然高声说:"让修车厂去处理!"

听到他的话,每个人都将眼光集中在他身上。有没有搞错?按照传统,修

第5章 [处理到位]

车厂和保险公司几乎是"势不两立"。

小组长愣了几秒,终于吐出一句话:"让修车厂去处理?真有趣!"

"不错",那人接着说,"反正修理费是他们开出的。或许我们可以化敌为友,省得顾客动脑筋设法来榨钱。"

这点子疯狂吗?在座的各位心里盘算着:就目前的情形来看,每当投保人的汽车毁损时,帝国保险公司便会指派鉴定员去验车并结算修车费。而且,顾客也自有一套他的估价。因此,保险公司与顾客间总是为了修理费而争执不休。最后,是谁高兴呢?通常,双方都不高兴。

有个来自推销部的成员说,他认为这个主意并不疯狂。"现在我们给顾客的是什么?"他自问自答道:"是一张支票。不过,顾客真正要的是什么?一辆修好的车!我们不妨把这些索赔作这样的分级:如果投保人并未受伤或仅受轻伤,那么,我们便可以告诉顾客,只要把车送到这个修车厂去,他们就会帮你处理。或者更好一些,你甚至可以告诉顾客,这儿有张特约修车厂的名单,选一家对你最方便的,他们会替你处理妥当的。"

当然,有人也问道:"若有欺诈——如修车厂造假账,或者顾客捏造意外以求索赔——情形会怎么样?"紧接着,一连串的讨论便随之展开。而整个计划的框架也基本上成形:首先,公司可以委托那些珍惜固定生意,并想维持这些生意的修车厂,让它们负责估价和修理。其次,这些与帝国保险公司合作的修车厂,要定期接受报价及修车质量的检验。至于对那些不诚实的顾客,公司将审核其索赔及额度是否合理。

"很好",小组长试着总结道,"这儿有个计划,我们认为或许可行。我们拟定了分级制。假设我们接到一个索赔案,投保人未受伤,车子也仅有一点毁损,而且这位顾客已经多年没索赔,那么,我们便可以假定这案子不是捏造的。因为其间并未涉及太大的理赔额,同时我们将进行统计查账,所以,也相当确定修车厂不会坑我们。这样,我们就可以给顾客一张特约修车厂的名单,他们若有索赔的车子送修,我们就付账。而这一切,不但能直接省下一大笔行政管理开销，并且也缩减了顾客索赔得到处理的时间。"

小组长在黑板上又写了一会儿，然后问大家："在加速处理赔上，目前是否还有待改进的地方？"

大家都承认，在传统的保险索赔处理中，时间被看做是越长对公司越有利。大多数保险公司在处理索赔时，往往以为理赔得越慢越好，因为这样他们便可以充分调度资金做其他投资以获得更多的利润。

针对这一点，小组长问："我们为何要加速理赔？"问毕，他环视在座的成员，于是，有个坐在侧角始终未发一言的人开口了。

"我来告诉你为的是什么"，他说，"因为这么做可以让顾客离律师远些。就整个汽车保险业来说，统计数字显示，只要有律师插手，其理赔的金额一定比没有律师插手的多出好几倍。"

"顾客什么时候最可能去找律师呢？"那人有点夸张地说，"就是一开始的时候。你碰上车祸，打电话给保险经纪人。你当时又紧张、又气愤、一肚子不高兴。没错，经纪人是记下了一堆资料，但是又怎么样!还不是一点眉目也没有。而我们呢，则用1周左右的时间展开复杂的公文旅行。至于索赔者呢?根本就无法得到音讯。这也难怪他们会找上律师!"

"在开头的那些天里，究竟发生了什么事!"小组长提醒其他成员，"那些报告，或许给搁在篮子里了。我们总得找对索赔代表，不过，他们可能度假去了，要不然就是在忙别的案子。虽然事情正在处理之中，但顾客却注意不到。结果，我们吃力不讨好，换来的却是额外的索赔费。好了，我们若想加速这流程，该做些什么呢？"

于是有人提议，公司该设一条免费服务热线，并广为宣传，鼓励顾客有问题就打电话来。另外有人建议，公司应该设个意外调查小组，24小时轮班待命。还有人说，公司该试着与警方的通讯系统连线，随时掌握车祸报告。

"很好，很好"，小组长边忙着将这些意见一一记在黑板上，边说，"这主要的思想就是，要尽快得知车祸的发生，并将索赔案分类处理。简单

第5章 [处理到位]

的案子可让保险经纪人去理赔，或者让顾客将车子送到修车厂去。对那些我们无法迅速脱手的案子呢，我们该怎么办?谁有什么主意?"

经过一阵沉默之后，有个年轻人说："我对保险知道得不多，但就我所知，我认为有个惯例似乎要打破。这就是，除非公司确定了是谁的过错，否则是不会为索赔者做什么的。而从顾客的角度来看，我认为这规则应该是——先处理索赔，再决定是谁的错。"

"说得好"，小组长鼓励地说，"要是我们干脆省掉这条规则如何?我是说，或许我们根本就不需要一个孰先孰后的规则。事实上，我们可以同时进行两件事——一边处理一边索赔。"

"等等，等等！"另一名小组成员喊了出来。他对公司可能做"冤大头"颇不以为然。接着，大家便展开了又一场冗长的讨论，最后普遍认为，公司或许会白付一些钱，但在大多数的情况下，这却可以从其他保险公司夺得顾客而补回来。此外，假使加速理赔能减少诉讼案件，那么整个算算也还是划得来。

小组长继续问道："这当中，从索赔者的角度来看，还有什么问题?"

有人回答："没发生接触。"

"什么意思?"

"我们可能正在忙着处理案件，可是索赔者还是会认为，我们什么也没做。"

"假设你是索赔者，"小组长试图提高大家的兴趣，"你躺在医院里，伤口疼得要命，心里还挂念着不知车子撞成什么样子了。这时，你有什么感觉?坏透了?而我们该做些什么呢?"有位成员半开玩笑地说："派个人来握你的手。"

"对了"，另一名成员说，"更概括地说，我们的目标必须改变。目标不该仅仅是签张支票，同时还是让顾客高兴。"

于是，小组长问道："我们要怎么做到这一点?"

刚才发言的那位答道:"解决他们的问题。"

"怎么解决?"

有小组成员指出,目前帝国保险公司所做的,是在顾客修车期间为他们付租车费。他提议说:"如果顾客来电话说他的车子毁了时,我们便说:'哎呀,那太可怕了。1个钟头内,我们会开辆代用车到您家里。'顾客对此自然受宠若惊。由于我们交给他的或许是辆中型车,而不是他可能去租的林肯轿车,因此,我们每天并不需要付出30美元,相反只要花10美元就够了。顾客得到了关怀,我们则省了钱。"

接着有人说,还有件事是他们不曾注意到的。那就是,在一场车祸中,另一方——可能是受害者抑或肇事者——所投保的是另一家保险公司。在这次意外中,她的车不仅全毁,更惨的是,她头部和背部都受了较严重的伤害,正躺在医院里。这位小组成员分析说:"在这个关头,我们尚不知道她是不是我们的顾客。这时,公司该做什么吗?"

"去做她的朋友",另一位成员接口说,"躺在医院里的病人,这时最需要的是,我们帝国保险公司派员探访。表面上看,我们传达给她的是关怀与同情。其实,潜藏的信息则是——别告我们,如果她是我们公司的投保人。即使目前不是,或许正因为我们这次伸出温暖的手,她会从此成为我们新的顾客。这样一来,既避免了诉讼的发生,又增扩了销售良机。"

小组讨论继续下去。在七嘴八舌的议论之中,有人提出对大的案子要创设一个叫专案经理人的职务,由他全面负责与这个案子有关的一切事宜……

(本案例系根据迈克尔·哈默和詹姆斯·钱派著:《再造公司:企业革命的宣言》一书有关材料改编而成。)

学会召开头脑风暴会议

在群体讨论中，由于群体成员心理相互作用影响，易屈于权威或大多数人意见，形成所谓的"群体思维"，"群体思维"削弱了群体的批判精神和创造力，损害了讨论的质量和决策的效果。头脑风暴法是克服群体思维局限性的一个著名方法。

头脑风暴法有可分直接头脑风暴法和质疑头脑风暴法。前者是在专家群体决策尽可能激发创造性，产生尽可能多的设想的方法；后者则是对前者提出的设想、方案逐一质疑，分析其现实可行性的方法。

采用头脑风暴法组织群体决策时，要集中有关专家召开专题会议，主持者以明确的方式向所有参会者阐明问题，说明会议的规则，尽力创造融洽轻松的气氛，主持者一般不发表意见，以免影响会议的自由气氛，由专家们自由提出尽可能多的方案。

头脑风暴法应遵守如下原则：

- 无错判决原则。对各种意见，方案的评价必须放到最后阶段，此前不能对别人的意见提出批评和评价。认真对待任何一种设想，而不管其是否适当和可行。
- 欢迎各抒己见、自由鸣放原则。创造一种自由的气氛，激发参加者提出各种荒诞的想法。

- 追求数量原则。意见越多，产生好意见的可能性越大。
- 探索取长补短和改进方法原则。除提出自己的意见外，鼓励参加者对他人已经提出的设想进行补充、改进和综合。

为便于提供一个良好的创造性思维环境，应该确定专家会议的最佳人数和会议进行的时间。经验证明，专家小组规模以10~15人为宜，会议时间一般以20~60分钟效果最佳。

专家的人选应严格限制，便于参加者把注意力集中于所涉及的问题；具体应按照下述三个原则选取：

（1）如果参加者相互认识，要从同一职位（职称或级别）的人员中选取，领导人员不应参加，否则可能对参加者造成某种压力。

（2）如果参加者互不认识，可从不同职位（职称或级别）的人员中选取。这时不应宣布参加人员职称，不论成员的职称或级别的高低，都应同等对待。

（3）参加者的专业应力求与所论及的决策问题相一致，这并不是专家组成员的必要条件，但是，专家中最好包括一些学识渊博、对所论及问题有较深理解的其他领域的专家。

头脑风暴法的主持工作，最好由对决策问题的背景比较了解并熟悉头脑风暴法的处理程序和处理方法的人担任。

头脑风暴法专家小组应由下列人员组成：

- 方法论学者：专家会议的主持者。
- 设想产生者：专业领域的专家。
- 分析者：专业领域的高级专家。
- 演绎者：具有较高逻辑思维能力的专家。

头脑风暴法的所有参加者，都应具备较高的联想思维能力。在进行"头脑风暴"时，应尽可能提供一个有助于把注意力高度集中于电报局讨论问题的环境。有时候某个人提出的设想，可能正是其他准备发言的人已经思考过

第5章 [处理到位]

的设想。其中一些最有价值的设想，往往是在已提出设想的基础之上，经过思维共振的"头脑风暴"，迅速发展起来的设想。以及对两个或多个设想的综合设想。因此，头脑风暴法产生的结果，应当认为是专家成员集体创造的成果，是专家组这个宏观智能结构互相感染的总体效应。

头脑风暴主持者的发言应能激起参加者的思维"灵感"，促使参加者感到急需回答会议提出的问题。通常在"头脑风暴"开始时，主持者需要采取询问的做法，因为主持者很少有可能在会议开始5~10分钟内创造一个自由交换意见的气氛，并激起参加者踊跃发言。

主持者的主动活动也只局限于会议开始之时，一旦参加者被鼓励起来以后，新的设想就会源源不断地涌现出来。这时，主持者只需根据"头脑风暴"的原则进行适当引导即可。应当指出，发言量越大，意见越多种多样，所论问题越广越深，出现有价值设想的概率就越大。会议提出的设想应由专人简要记载下来或录在磁带上，以便由分析组对会议产生的设想进行系统化处理，供下一阶段使用。系统化处理程序如下：

（1）对所有提出的设想编制名称一览表。

（2）有所有参会者都理解的术语说明每个设想的要点。

（3）找出重复的和互为补充的设想，并在此基础上形成综合设想。

在决策过程中，对上述直接头脑风暴法提出的系统化的方案和设想，还经常采用"质疑头脑风暴法"进行质疑和完善。这是头脑风暴法中对设想或方案的现实可行性进行估价的一个专门程序。"质疑头脑风暴法"包括四个阶段：

- 第一阶段：要求参加者对提出的每一个设想都要质疑，并进行全面评论。评论的重点是研究有碍设想实现的所有限制性因素。在质疑过程中，可能产生一些可行的新设想。这些新设想包括对已提出的设想无法实现的原因的论证、存在的限制因素、排除限制因素的建议等。其结构通常是："××设想是不可行的。因为……如要使其可行，必须……"

- 第二阶段：是对每一组或每一个设想，编制一个评论一览表，以及可行设想一览表。"质疑头脑风暴法"应遵守的原则与直接头脑风暴法一样，只是禁止对已有的设想提出肯定意见，而鼓励提出批评和新的可行设想。

  在进行质疑头脑风暴法时，主持者应首先简明介绍所计问题的内容，扼要介绍各种系统化的设想和方案，以便把参加者的注意力集中于所论问题进行全面评价上。质疑过程一直进行到没有问题可以质疑为止。

  质疑中抽出的所有评价意见和可行设想，应专门记录或录在磁带上。

- 第三个阶段：是对质疑过程中抽出的评价意见进行估价，以便形成一个对解决所讨论问题实际可行的最终设想一览表。对于评价意见的估价，与对所讨论设想质疑一样重要。因为在质疑阶段，重点是研究有碍设想实施的所有限制因素，而这些限制因素即使在设想产生阶段也是放在重要地位予以考虑的。

- 第四阶段：由分析组负责处理和分析质疑结果。分析组要吸取一些有能力对设想实施作出较准确判断的专家参加。如果需在很短时间就重大问题作出决策时，吸取这些专家参加尤为重要。

实践经验表明，头脑风暴法可以排除折中方案，对所讨论问题通过客观、连续的分析，找到一组切实可行的方案，因而头脑风暴法在军事决策和民用决策中得出了较广泛的应用。例如，在美国国防部制定长远科技规划时，曾邀请50名专家采取头脑风暴法开了2周会议。参加者的任务是对事先提出的长远规划提出异议。通过讨论，得到一个使原规划文件变为协调一致的报告，在原规划文件中，只有25%~30%的意见得到保留，由此可以看出头脑风暴法的价值。

当然，头脑风暴法实施的成本（如时间、费用等）是很高的。另外，头脑风暴法要求参与者有很好的素质。这些因素是否得到满足，会影响头脑风暴法实施的效果。

认识"问题员工"的价值

没有马蝇叮咬,马慢慢腾腾,走走停停;有马蝇叮咬,马不敢怠慢,跑得飞快。马蝇效应给我们的启示是:一个人只有被叮着咬着,他才不敢松懈,才会努力拼搏,不断进步。企业也是这样。

1860年,林肯当选为美国总统。一天,银行家巴恩到林肯的总统官邸拜访,正巧看见参议员萨蒙·蔡思从林肯的办公室走出来。于是,巴恩对林肯说:"如果您要组阁的话,千万不要将此人选入您的内阁。""为什么?"林肯奇怪地问,巴恩说:"因为他是个自大成性的家伙,他甚至认为他比您伟大得多。"林肯笑了:"哦,除了他以外,您还知道有谁认为他自己比我伟大得多?""不知道,不过,您为什么要这样问呢?"林肯说:"因为我想把他们全部选入我的内阁。"

事实证明,蔡思果然是个狂态十足、极其自大而且妒忌心极重的家伙。他狂热地追求最高领导权,本想入主白宫,不料落败于林肯,只好退而求其次。想当国务卿,林肯却任命了西华德,无奈,只好坐第三把交椅——当了林肯政府的财政部长。为此,蔡思一直怀恨在心,激愤不已。不过,这个家伙确实是个大能人,在财政预算与宏观调控方面很有一套。林肯一直十分器重他,并通过各种手段尽量减少与他的冲突。

后来,目睹过蔡思种种形状、并收集了很多资料的《纽约时报》主编亨利·雷蒙顿拜访林肯的时候，特地告诉他蔡思正在狂热地上蹿下跳，谋求总统职位。林肯以他一贯以来特有的幽默对雷蒙顿说："亨利，你不是在农村长大的吗？那你一定知道什么是马蝇了，有一次，我和我兄弟在肯塔基老家的农场里耕地，我吆马，他扶犁，偏偏那匹马很懒，老是磨洋工。但是，有一段时间它却在地里跑得飞快，我们差点都跟不上它。到了地头，我才发现，有一只很大的马蝇叮在它的身上，于是我把马蝇打落在地。我的兄弟问我为什么要打掉它，我告诉他，不忍心让马被咬。我的兄弟说：'哎呀，就是因为有那家伙，这匹马才跑得那么快。'"然后，林肯意味深长地对雷蒙顿说："现在正好有一只名叫'总统欲'的马蝇叮着蔡思先生，那么，只要它能使蔡思那个部门不停地跑，我还不想打落它。"

林肯的胸襟和用人能力，使他成为美国历史上最伟大的总统之一。

从某种程度上说，企业组织类似于马群。而那些个性鲜明、我行我素，同时又是能力超强、充满质疑和变革精神的员工，就是企业中的"马蝇"。在一些组织中，他们被叫做"问题员工"，甚至上了"黑名单"，因为他们难于管理。

"如果把马蝇看做是对组织的一种刺激，那么IBM公司确实也有很多这样的员工，因为IBM公司的核心理念之一就是'创新'。要创新，就必须要有这样的员工来经常刺激整个组织。"IBM公司华东区人力资源经理姜雅玲曾说过，"IBM公司不会简单地将这样的员工当做问题员工。"

"马蝇也要分两种，有的马蝇会传染疾病。"姜雅玲说，"个性化员工也要分两种，应区别对待。IBM公司每年都要与员工签订一份《员工行为准则》，其中包括遵纪守法、诚实、正直等。那些违反了行为准则的马蝇，比如作假的员工，会通过正当程序被IBM公司辞退。"

IBM公司一直宣称，它寻求的是最"合适"的员工。在"合适"这个标准中，除了工作能力强这个硬指标外，还包括更多的软指标，其中最为重要的是，员工必须认同IBM公司的核心价值观，如成就客户、创新为上、诚信服

第5章 [处理到位]

务、必胜心、执行能力、团队精神等。在认同IBM公司价值观的大前提下，那些个性化很强的员工也都可以得到支持和培养。

有一个经典故事经常被管理界引用，这个故事来源于新近翻译出版的IBM公司商业三部曲之《小沃森传》中：

1947年，小沃森刚刚接手IBM公司销售副总裁。一天，一个中年人沮丧地来到他的办公室，提出辞职，因为他原来的导师柯克和小沃森是竞争对手，他确信小沃森主政后会把他挤垮。这个中年人就是曾任销售总经理的伯肯斯托克，才华横溢但一度受挫。没有想到，小沃森对他笑着说："如果你有才华，就可以在我的领导下展现出来，在任何人的领导下，而不光是柯克！现在，如果你认为我不够公平，你可以辞职。但如果不是，你就应该留下来，因为这里有很多机会。"伯肯斯托克留下来了，并在后来为IBM公司立下了卓著功勋。小沃森说，"在柯克死后，留下他是我最正确的做法。"事实上，小沃森不仅挽留了伯肯斯托克，他还提拔了一批他并不喜欢但却有真才实学的人。

这个故事体现的精髓，后来构成了IBM公司企业文化的一个重要营养来源。"吸引、激励、留住行业中最好的人才"如今已成为IBM公司人力资源工作的宗旨。而从另外一个角度来说，伯肯斯托克是IBM公司历史上一只很大、很厉害的马蝇。

人的工作是最难做的。很多时候企业无法取得更大的发展，甚至分崩离析、树倒猢狲散，其根源就在于没有做好人的工作。作为一个管理者，最大的成就就在于构建并统帅一支由各种不同的专业知识及特殊技能的成员组成的、具有强大战斗力与高度协作精神的团队，不断挑战更高的工作目标，不断创造更大的绩效。为此，可能需要超越旁人的勤奋，需要更多的知识，需要更强的资源支持，更重要的是，还需要像林肯一样，善于运用自己的智慧，利用"马蝇效应"，把一些很难管理、然而又是十分重要和关键的员工团结在一起，充分发挥他们的作用，不断为企业创造更大绩效。

 ## 从下属的牢骚中发现改进的方向

哈佛大学心理学教授梅约提出：凡是企业中有对工作发牢骚的人，那家企业或老板一定比没有这种人或有这种人而把牢骚埋在肚子里的企业要成功得多。这就是牢骚效应。

牢骚效应来源于美国哈佛大学心理学系组织的一次有价值的实验。

实验的具体做法是，专家找工人个别谈话，而且规定在谈话过程中，专家要耐心倾听工人对厂方的各种意见和不满，并做详细记录。与此同时，专家对工人的不满意见不准反驳和训斥。这一实验研究的周期是2年。在这2年多的时间里，研究人员前前后后与工人谈话的总数达到了2万余人次。

结果他们发现：这2年以来，工厂的产量大幅度提高了。经过研究，他们给出了原因：在这家工厂，长期以来工人对它的各个方面就有诸多不满，但无处发泄。"谈话实验"使他们的这些不满都发泄出来了，从而感到心情舒畅，所以工作干劲高涨。

在日本，很多企业都非常注重为员工提供发泄自己情绪的渠道。松下公司就是如此。

在松下公司，所有分厂里都设有吸烟室，里面摆放着一个极像松下幸之助本人的人体模型，工人可以在这里用竹竿随意抽打"他"，以发泄自己心中的不满。等他打够了，停手了，喇叭里会自动响起松下幸之助的声音，这

是他本人给工人写的诗句:"这不是幻觉,我们生在一个国家,心心相通,手挽着手,我们可以一起去求得和平,让日本繁荣幸福。干事情可以有分歧,但记住,日本人只有一个目标:即民族强盛、和睦。从今天起,这绝不再是幻觉!"

当然,这还不够,松下幸之祝说:"厂主自己还得努力工作,要使每个职工感觉到:我们的厂主工作真辛苦,我们理应帮助他!"通过这种方式,松下公司的员工自始至终都能保持高度的工作热情。

疏导是治理拥塞的根本。人有各种各样的愿望,但真正能达成的却为数不多。对那些未能实现的意愿和未能满足的情绪,千万不要压制,而是要让它们发泄出来,这对人的身心发展和工作效率的提高都非常有利。

要把事故消灭在萌芽状态

"海因里希安全法则"是美国著名安全工程师海因里希通过分析工伤事故的发生概率,提出的300∶29∶1法则。这个法则的意思是,当一个企业有300个隐患或违章,必然要发生29起轻伤或故障,在这29起轻伤事故或故障当中,必然包含有1起重伤、死亡或重大事故。这一法则可以用于企业的安全管理上,即在1件重大的事故背后必有29件"轻度"的事故,还有300件潜在的隐患。

"海因里希安全法则"告诉人们,通过对事故成因的分析,可以使人少走弯路,把事故消灭在萌芽状态。

俗话说："冰冻三尺非一日之寒，化冰三尺非一日之功"。重大的安全事故往往来源于平时点滴的隐患或违章，同样，大错往往来源于平常点滴的小错，历史上就有一笔之误导致十万大军伤亡的教训。

1930年5月，蒋介石、冯玉祥、阎锡山三派势力混战中原。冯玉祥、阎锡山预定在豫晋交界处的沁阳会师，聚歼在河南的蒋介石部。然而冯玉祥的参谋长在拟发命令时误将"沁阳"写成"泌阳"仅多了一笔，使冯玉祥部队南辕北辙，急急赶到豫南，结果误入绝地，伤亡10余万人，导致冯阎联合作战失败，这一笔之误，使冯玉祥部队遭到不可挽回的损失。

"小错人人都有"，小错指的是性格大大咧咧，做事马马虎虎，不认真，不细致，丢三落四，拖拖拉拉。下属小错不断，管理者就要整天为他"擦屁股"，这些小错不纠正，久而久之，下属养成痼疾难以改正，也无法改正，工作中就会酿成大错，下属也就给毁了，很难有大的出息。所以聪明的领导对待小错的苛责是很重的，但有些下属不理解，认为领导是小题大做，小小的错误有什么了不起的。

所以说，大错本身并不可怕，可怕的是对平常的小错或潜在威胁毫无觉察，或是麻木不仁，结果或许会导致无法挽回的损失。

日本松下公司的创始人松下幸之助以经营技巧高超，管理方法先进，被誉为"经营之神"。后藤清一原是三洋电机公司的副董事长，后来投奔松下公司，担任厂长时，工厂被火烧掉了。后藤清一心中十分惶恐，以为不被革职也要降级。不料松下幸之助接到报告后，只对他说了四个字："好好干吧！"

松下幸之助这样做，并不是姑息部下的过错。以往，即使只是打电话的方式不当，后藤清一也会受到松下幸之助的严厉斥责。这种做法可以说是松下幸之助管人的秘诀。由于这次火灾发生后没有受到惩罚，后藤清一自然会心怀愧疚，对松下幸之助也会更加忠心效命，并以加倍的工作来回报。

松下幸之助的这种做法，巧妙地抓住了人类的心理。在犯小错的时候，本人多半并不在意，因此需要严加斥责，以引起他的注意；相反犯下大错

第5章 [处理到位]

时,傻子也知道自省,因此不必再去给予严厉的批评了。

松下幸之助对小错误抓住不放,说明他深刻理解了"海因里希安全法则"的精髓;他对大错误又能宽仁大度地加以谅解,这真正体现了这位"日本经营之神"不同凡响的智慧。

 **不能过于关注员工的错误**

波特定理的含义是:当遭受许多批评时,下级往往只记住开头的一些,其余就不听了,因为他们忙于思索论据来反驳开头的批评。

在很多时候,当下属犯了错误时,管理者都会严肃批评一番,有时甚至将员工骂得狗血淋头。在他们看来,似乎这样才会起到杀一儆百的作用,才能体现规章制度的严肃性,才能显示出管理者的威严。其实,有的时候过于关注员工的错误,尤其是一些非根本性的错误的话,会大大挫伤员工的积极性和创造性,甚至产生对抗情绪,这样就会产生非常恶劣的效果。所以,在管理事务中,管理者要学会宽容下属的错误。但宽容并不等于是做"好好先生",而是要设身处地地替下属着想。在批评的同时不忘肯定下属的功绩,以激励其进取心,并有效避免伤害其自尊和自信。一个懂得如何顾全下属面子的管理者不仅会使批评产生预期的效果,而且还能得到下属的大力拥戴。

通用电气公司的杰克·韦尔奇认为:管理者过于关注员工的错误,就不会有人勇于尝试。而没有人勇于尝试比犯错误还可怕,它使员工故步自封,拘泥于现有的一切，不敢有丝毫的突破和逾越。所以评价员工重点不在于其职业生涯中是否保持不犯错误的完美记录，而在于其是否勇于承担风险，并善于从错误中学习，获得教益。通用电器公司能表现出很强的企业活力，与韦尔奇的这种对待员工错误的方式有莫大的关系。

在这方面，特别值得提出的是世界最富创新的美国3M公司。

美国的3M公司不仅鼓励工程师也鼓励每个人成为"产品冠军"。公司鼓励每个人关心市场需求动态，成为关心新产品构思的人，让他们做一些家庭作业，以发现开发新产品的信息与知识、公司开发的新产品销售市场在哪里、可能的销售与利益状况等。如果新产品构思得到公司的支持，就将相应地建立一个新产品开发试验组，该组由R&D部门、生产部门、营销部门和法律部门等的代表组成。每组由"执行冠军"领导，他负责训练试验组，并且保护试验组免受官僚主义的干涉。如果一旦研制出"式样健全的产品"，试验组就一直工作下去，直到将产品成功地推向市场。有些开发组经过3～4次的努力，才使一个新产品构思最终获得成功；而在有些情况下，却十分顺利。3M公司知道，千万个新产品构思中，能成功的可能只有一两个。一个有价值的口号是"为了发现王子，你必须与无数个青蛙接吻"。"接吻青蛙"经常意味着失败，但3M公司把失败和走进死胡同作为创新工作的一部分。其哲学是"如果你不想犯错误，那么什么也别干"。

日本富士Xerox公司从1988年就开始实施"关于事业风险投资与挑战者的纲领计划"。如果公司员工的新事业构思被公司采纳，则公司和提出人就共同出资创建新公司，并保证3年的工资。假如失败了，仍可以回到公司工作。对于新创立的公司，不但给予资金的支持，还给予经营与财务等必需的人才的支持。

对研究开发的成功，实行奖励与特别奖励已是普遍的事情。但对于研究的失败，却有着较大的差别。在一些企业，对于失败的项目，不但没有认真地深度概括失败的原因，而是采取了对项目全盘否定的做法。虽然很多公司

第5章 [处理到位]

也都明白研究开发是允许失败的，但常常不能正确地对待失败。3M公司允许工程师工作时间的15%在实验室中进行自己感兴趣的研究开发。努力创造轻松自由的研究开发环境。如果你的创造性构思失败了，那也没关系，你不会因此而遭到冷嘲热讽；照常可以从事原来的工作。公司依然会支持你的新构思的试验。在日本的一些企业，有着"败者复活制"和"失败大奖"的表彰制度，旨在给予失败者的挑战精神以激励和从失败中寻找成功的因素，把失败真正作为成功之母，从而最终获得成功。

优秀的管理者在员工犯错的情况下，是不会一味地责怪的。他会以宽容面对他们的错误，变责怪为激励，变惩罚为鼓舞，让员工在接受惩罚时怀着感激之情，进而达到激励的目的。每个人都是需要鼓励的，有鼓励才能产生动力。批评的同时给予适当的肯定，只有把握好了，才能成为一名出色的管理者。